集

国学撷要

卷四

前言

正如在世人眼中，华夏江山秀美多娇，作为一国之学，中国国学也有壮丽、斑斓的颜色。那些每每令人眼前一亮的颜色，闪现在难以计数的古老而浪漫的词汇当中。杏坛，但见其首字，眼前便是除地为坛、周边遍植杏树的质朴学园，春光摇曳之中，杏花与薄云彼此映衬着成为亦远亦近的风景；绛帐，只一个『绛』字，便可展现中国古典师门讲习的庄重，为师者『常坐高堂，施绛纱帐，前授生徒，后列女乐』，这是何等愉悦美好的学习场景；金石，只闻其声，便可想见其沉静内敛的光芒和硬朗，而中国古代镌刻文字、记述功德的碑碣以其为大贵，所谓『以其所书于竹帛，镂于金石，琢于盘盂，传遗后世子孙者知之』，这便是千秋功业、历代传奇的直接记录……沿着这条彩色的河流，更可以看到中国人对家国文化的敬仰和礼赞，翰墨、丹青、赤铜、丹朱……举不胜举的璀璨词汇如闪耀的明珠连缀起中国的灿烂文明，及至薪火，昭示着那红彤彤的火焰，在五千年的中华文化史上，从不熄灭，代代传承。

那些令中国人念念不忘、引为自豪的一抹抹文化亮色，体现在抱定『为天地立心，为生民立命，为往圣继绝学，为万世开太平』的先师大贤、博学鸿儒的奋笔疾书和奔走演说中。人们不会忘记，一袭青衫的国学大师章太炎以谦谦君子之范傲立于二十世纪初的日本东京国学讲坛，宣讲中国国学之要义，展现中华文化和民族精神中的智慧与包容；人们不会忘记，汉语言学之父赵元任在一九二零年陪伴英国哲学家罗素在中国巡回演讲，每到一处，他便以当地方言为其翻译，其学贯中西的大师风度至今传为佳话；人们更不会忘记，一九九二年十二月十八日，国学大师南怀瑾提议并出面筹资四千五百六十八万美元建设的中国第一条合资铁路破土动工，而今一代大儒早已功成身退，留下这条贯穿中国浙西南山区的铁路蜿蜒在青山绿水间……在中国国学传承和发展的历史上，一代代中国人饱吸国学精华并将学问化为经世致用、济国利民之举，功在千秋。

中国国学历经五千年发展浩荡至今，其魅力早已化为民俗渗透在每个中国人的日常生活之中，成为中华民族的特定符号而无处不在。吉庆有余之日处处可见的红衫绿腰，抒情写意之时的青波墨海，唱念做打之际的金舞银饰，迎来送往之间的云笺尺素，每一种颜色都代表着中国国学文化传承至今的精致风雅和细腻深邃，彰显着中国作为礼仪之邦、文化之邦的美德与风范。

在中国人民抱定实现中华民族的伟大复兴并共筑中国梦的当下，中国国学如一片浩瀚的深海吸引着世界的眼光。中国国学已成为全世界共享的巨大文化财富，遨游其间，何等幸福！

目录

章节·叁

章节·壹

博学鸿儒 行为世范

『君子如欲化民成俗，其必由学乎。玉不琢，不成器；人不学，不知道。是故古之王者，建国君民，教学为先。』玉石不经过雕琢，就不能成为玉器；人不经过教育，就不会懂得为人之道。要实现『齐家、治国、平天下』，就必须教化人民。教育是民生之本，中国国学的传承更依赖教育的发展和推广。

中国先秦思想文化领域学派林立、百家争鸣，使得中国古代思想文化呈现出了空前繁荣的景象。先秦时期学术思想的发展，培养出了大批人才，各家各派大师辈出。老子（前五七一—前四七一年）、孔子（前五五一—前四七九年）、墨子（前四六八—前三七六年）、孟子（前三七二—前二八九年）、荀子（前三一三—前二三八年）、韩非子（前二八零—前二三三年）等都是春秋战国时期著名的思想家，其教育思想历经几千年仍然熠熠生辉。孔子开办私学，打破了『学在官府』的局面，使平民也有了接受教育的机会。孔子一生提出了因材施教、有教无类等教育思想，秉承『学而不厌，诲人不倦』的教学精神，培育了三千弟子，其中有七十二位贤才载入史册。孔颜型范（注：指孔子和弟子颜回确立的教育典范）更成为教育史上的佳话。

儒家后学，总结了春秋时代的教育思想和教育经验，撰写了《学记》《大学》《中庸》，阐述了教育的作用、学制的体系、道德教育体系、教学原则和方法、教师的地位等方面的理论，成为世界上最早的、自成体系的教育著作，奠定了中国古代教育的理论基础。

秦始皇（前二五九—前二一零年）统一中国以后，采取了一系列巩固统一、加强中央集权的措施。秦王规定书同文，统一了文字，促进了知识文化的交流传播，但在思想文化方面，颁布『禁私学令』『焚书坑儒』等政令，保留下来的只有医药、卜筮、种树之书，并且『若有欲学者，以吏为师』，不容许私自讲学。这一政令钳制了人们的思想，毁灭了古代许多典籍，对中国古代思想文化的发展造成了难以弥补的损失。

至汉代，一改秦代严苛压迫的文化政策，政治环境相对轻松，文化氛围也相对自由。汉武帝（前一五六—前八七年）时期，推行『罢黜百家，独尊儒术』的政策，以儒家学说作为统治思想，设立太学、鸿都门学、宫邸学和郡国学校等官学，主要教授今文经学。汉代并不禁止私学，因此出现了官学和私学并存的局面。东汉末年，私学的发展已取得了压倒官学的地位，如马融（七九—一六六年）、郑玄（一二七—二零零年）等古文经学大师的私学学生多达千人以上。『通儒』马融采用『常坐高堂，施绛纱帐，前授生徒，后列女乐』的教学形式广为流传，并留下了『弦歌不绝，千古流芳』的佳话。

魏晋南北朝时期，长期的分裂战乱，使得官学衰颓，为私学的发展创造了有利条件，使私学呈现繁荣局面。一方面，在思想领域，除了传统儒学外，玄学、佛教、道教兴起，使得私学教育的内容更加丰富；另一方面，家族教育获得了长足的发展，并臻于鼎盛。其中被誉为『古今家训之祖』的颜之推（五三一—约五九五年），结合自身的人生经历和处世哲学，写成《颜氏家训》一书告诫子孙，开后世『家训』的先河。

隋代创立科举制，政府从民间提拔人才，打破贵族世袭的现象，以整顿吏制。相对于世袭、举荐等选才制度，科举考试无疑是一种公平、公开及公正的方法，改善了用人制度。科举制从隋代开始实行，到清光绪三十一年（一九零五年）举行最后一科进士考试为止，经历

了一千二百九十八年。科举制度对隋唐以后中国的社会结构、政治制度、教育、人文思想，产生了深远影响。

唐朝是中国封建社会的鼎盛时期，这一时期，学校教育也得到了较快的发展。后世学者认为其学校制度，较中古的任何一代复杂而完备，是中国封建社会学校教育制度的典型。唐朝的学校教育机制随着唐朝社会发展的由盛到衰，大致可以分为两个发展时期。安史之乱以前，官学主导国家教育，唐代官学可分为中央官学和地方官学两级，已经形成了较为完整的学习教育体系，普及范围非常广泛，甚至出现『五尺童子，耻不言文墨焉』的情况，也有『登高不能赋者，童子大笑』的说法。中晚唐时期，官学日渐衰落，民间私学逐渐占据教育的主导地位，并出现了中国古代最早的书院。

书院是唐宋至明清出现的一种独立的教育机构，是私人或官府所设的聚徒讲授、研究学问的场所，对中国封建社会教育与文化的发展产生了深远的影响。在灿烂的思想文化与空前繁荣的学校教育发展的同时，唐朝涌现了韩愈（七六八－八二四年）、柳宗元（七七三－八一九年）等杰出的教育家，其教育主张丰富了中国古代的教育思想。二人都是伟大的文学家、政治家，唐代古文运动的倡导者，又并称为『韩柳』。此外，韩愈还被宋代文豪苏轼誉为『文起八代之衰』。韩愈的《师说》成为论述教学之道的名篇，其《进学解》中『业精于勤，荒于嬉；行成于思，毁于随』这句名言，也一直鼓励着后世学子不断奋进。

宋代以后的官学，从中央到地方，就建制方面来说，已经十分完备，但随着各个朝代各个皇帝对教育的重视程度以及其统治力量的不同，官学在培养人才方面发挥的作用也有所不

同，官学侧重于科举取才，而私学则更重视因材施教。

宋元明时期，是中国文化和哲学发展的又一个高峰。由于宋明时期中国哲学的主要代表形态是理学，人们习惯上多以『宋明理学』的概念来称呼这一时期的哲学。宋明理学兴盛，成为这一时期占主导地位的儒家哲学思想体系。宋明理学是继魏晋把儒学玄学改造之后，对儒学的佛（佛教）老（道教）化改造，是对隋唐以来逐渐走向没落的儒学的强有力复兴。

王守仁（一四七二－一五二九年）是明代著名的哲学家、教育家和军事家。他出身于一个书香门第、官宦世家，自幼聪颖，豪迈不羁，不仅精通儒释道，而且具有杰出的军事政治才能，是中国古代史上少有的『立德』『立言』『立功』都具备的思想家。他继承完善了陆九渊（一一三九－一一九三年）『心即理』的哲学命题，开启了声势浩大的阳明心学潮流。

宋明理学反映了中国古代社会后期有思想有见识的中国人，在思考和解决现实社会问题与文化问题中所生发的哲学智慧，它深深影响了中国古代社会后半期的社会发展和文明走势。明末清初，伴随着封建制度衰落、理学僵化，出现了社会转型的契机。以黄宗羲（一六一零－一六九五年）、顾炎武（一六一三－一六八二年）、王夫之（一六一九－一六九二年）为代表的思想家开始活跃，并带动了一批思想革新者。他们批判继承了传统的儒学体系，使中国传统文化重新焕发了生机。黄宗羲学识广博，精通经、史、天文、历法、数学、音律等方面的知识，其哲学思想深受阳明心学的影响。在学术上，他主张经世致用，批评明末空洞虚浮的学风。这种理论、实践并重的教育学习观点，正是阳明心学中『知行合一』，

知行并进』的体现和发展，给后人留下了『明道救世』、经世致用的宝贵思想遗产。二十世纪，学术思想上承秦汉经学，中继隋唐佛学，晚随宋明理学，兼之清考据学风未散，一时风气，可谓极三百年之盛。

近代中国的教育史，亦是一部中与西、旧与新、传统与现代教育体制和教育观念冲突和交融的历史。近代教育体系是在社会转型中不断建立并完善发展的。

在五四新文化运动民主与科学旗帜鼓动下，教育界思想也十分活跃，涌现了平民教育、工读教育、职业教育、实用主义教育等多种进步教育思想。蔡元培（一八六八—一九四零年）、陶行知（一八九一—一九四六年）以及黄炎培（一八七八—一九六五年），是这一时代教育思想的代表人物。

中华民国元年，蔡元培就任教育总长时，提出民国教育应以养成共和健全之人格为目标。为了实现对国民进行完全人格的教育，实现人的全面和谐发展，他提出了『五育』并重的教育方针。『五育』即军国民教育、实利主义教育、公民道德教育、世界观教育和美育并重的教育方针。在担任北大校长时，蔡元培认为大学是『囊括大典，网罗众家』，研究高深学问的地方，因此，提出『循思想自由原则，取兼容并包主义』，无论为何种学派，『苟其言之有理，持之有故，尚不达自由淘汰之命运者，虽彼此相反，而悉听其自由发展』。因此，北大拥有了众多个性独特、博学通达的学者教授。

近现代，万流归宗的学界泰斗梁启超（一八三七—一九二九年），熔铸古今、会通中西的汤用彤（一八九三—一九六四年），博雅宏通的史学大师吕思勉（一八八四—一九五七年）

等学者，承担着继往圣绝学的文化使命而名垂青史。在当代，饶宗颐等学贯中西、集学术与艺术于一身的大学者，依然潜心致力于学术研究，著作等身，硕果累累。

在人文精神和民族文化亟待复兴的当下，『国学热』方兴未艾。传承大师的精神和思想，弘扬大师的道德和文章，唤起社会尤其是青少年对文化的温情和敬意，是华夏民族的福祉。

孔颜型范 春秋学统

春秋战国时期的教育是中国古代教育的摇篮和渊源。孔子（前五五一—前四七九年）作为开办私学的第一人，以独特的教育方法、丰富的教学内容以及深刻的教育思想，对中国乃至全世界都产生了深远的影响。在西方人心目中，孔子与希腊古代哲人苏格拉底（前四六九—前三九九年）、柏拉图（约前四二七—前三四七年）一样享有盛名，且孔子被评为『世界十大文化名人』之首。迄今为止，全球已经成立了四百余所孔子学院，足见孔子教育思想的深远影响。

志士任重而道远

『吾十有五而志于学，三十而立，四十而不惑，五十而知天命，六十而耳顺，七十而从心所欲，不逾矩。』这是孔子对自己一生各阶段的总结。孔子的祖先是宋国贵族，后家道中落，移民到鲁国。孔子三岁丧父，随母亲颜征在（前五六八—前五三五年）移居阙里（今山东省曲阜孔庙东墙外的阙里街）并受教。孔子幼年，『为儿嬉戏，常陈俎豆，设礼容』，少时家境贫寒，十五岁立志于学，及长，做过管理仓库的『委吏』和管理牛羊的『乘田』。他虚心好学，学无常师，相传曾问礼于老聃（约前五七一—前四七一年），学乐于苌弘（生卒年不详），学琴于师襄（生卒年不详）。三十岁时，孔子已博学多才，成为当地较有名气的学者，并在阙里收徒授业，开创了私人办学之先河。他的教育思想核心是『仁』，『仁』即『爱人』。他把『仁』作为行仁的规范和目的，使『仁』和『礼』相互为用。孔子主张统治者对人民『道之以德，齐之以礼』，从而再现『礼乐征伐自天子出』的西周盛世，实现他一心向往的『大同』理想。

公元前五百年，鲁、齐夹谷之会，齐国国力强盛，在即将举行盟誓时，齐国方面提出齐国出境征伐，鲁国必须出三百辆兵车跟随，否则就是破坏盟约。孔子回应说，如果齐国不归还侵占鲁国的汶阳等地，那也是破坏盟约。孔子以礼斥责景公，保全了国格，使齐侯不得不答应定盟和好，并将郓、龟阴等汶阳之地归还鲁国。

五十一岁时，孔子任鲁国中都（今山东汶上县）宰。由于为政有方，『一年，四方皆则之』，

后由中都宰提升为鲁国司空、大司寇，并受季桓子委托，摄行相事。他为了提高国君的权威，提出『堕三都』、抑三桓的主张，结果遭到三家大夫的反对，未能成功。鲁国君臣接受了齐国所赠的宝马美女，终日迷恋声色。孔子大失所望，遂弃官离鲁，带领弟子周游列国，另寻施展才能的机会。

孔子周游列国，历时十余年，行程数千里，颠沛流离，四处碰壁，历经艰难险阻，然而其志不改，学不间断，期间有很多关于孔子志向和教育弟子的故事，流传至今。

陈蔡之困

陈蔡之困是中国历史上有名的典故，反映了孔子和他的弟子不畏苦难，坚持弘道的志向。

吴国攻打陈国，楚国救援陈国，军队驻扎在城父。楚国听说孔子住在陈国和蔡国的边境上，便派人去聘请孔子。陈国、蔡国的大夫得知后商议说：『孔子是位有才德的贤人，他所指责讽刺的都切中诸侯的弊病。如今的楚国，是个大国，却来聘请孔子。如果孔子在楚国被重用，那么我们陈蔡两国掌权的大夫们就危险了。』于是他们双方就派人把孔子围困在野外。孔子和他的弟子无法行动，粮食也断绝了。跟从的弟子饿病了，站都站不起来。孔子却还在不停地给大家讲学，诵诗、歌唱、弹琴。子路很生气：『君子也有穷困的时候吗？』孔子说：『君子在困窘面前能坚持节操不动摇，而小人遇到困窘就会不加节制，什么过火的事情都做得出来。』

孔子知道弟子们心中不高兴，便叫来子路（前五四二—前四八零年）问：『难道是我们的学说有什么不对吗？我们为什么会落到这种地步呢？』子路说：『大概是我们的德还不够吧？所以人家不信任我们。想必是我们的智谋还不够吧？所以人家不放我们通行。』孔子说：『有这样的话吗？仲由啊，假使有仁德的人必定能使人信任，哪里还会有伯夷、叔齐饿死在首阳山呢？假使有智谋的人就能畅行无阻，哪里会有王子比干被剖心呢？』

子路退出，子贡（前五二零—前四五六年）来见孔子。子贡答道：『老师的学说博大到极点了，所以天下没有一个国家能容纳老师。老师何不稍微降低一些您的要求呢？』孔子说：『好的农夫虽然善于耕种，但他却不一定有好的收获；好的工匠虽然有精巧的手艺，但他的所作却未必能使人们都称心如意；有修养的人能研修自己的学说，但不一定被世人所接受。现在你不去研修自己的学说，反而想降格来迎合，你的志向太不远大了。』子贡出去之后，颜回（前五二一—前四八一年）进来见孔子。颜回说：『老师的学说博大到极点了，所以天下没有一个国家能容纳老师。虽然是这样，老师还是要推行自己的学说，不被天下接受又有什么关系呢？一个人不研修自己的学说，那才是自己的耻辱。至于已下大力研修的学说不被人所用，那是当权者的耻辱。不被天下接纳又有什么关系呢？不被接受，这样才能显出君子的本色！』孔子听了欣慰地笑着说：『是这样的啊！假使你有很多钱财，我愿意给你做管家。』

最后，子贡到楚国去求援。楚昭王（约前五二三—前四八九年）调动军队来迎接孔子，这才免除了这场灾祸。

删定《六经》制礼作乐

直到公元前四八四年（鲁哀公十一年），鲁国季康子（？—前四六八年）听了孔子弟子冉有（前五二二—前四八九年）的劝说，才派人把孔子从卫国迎接回来。孔子回到鲁国，虽被尊为『国老』，但仍不得重用。他也不再求仕，乃集中精力继续从事教育及文献整理工作。孔子一生培养弟子三千余人，深通礼、乐、射、御、书、数等六艺者七十二人。在教学实践中，他总结出一整套教育理论，如因材施教、学思并重、举一反三、启发诱导等教学原则和学而不厌、诲人不倦的教学精神，并提倡『知之为知之，不知为不知』和『不耻下问』的学习态度，为后人所称道。他先后删《诗》《书》，订《礼》《乐》，修《春秋》，对中国古代文献进行了全面整理。他老而喜《易》，曾达到『韦编三绝』的程度。

因材施教

宋代的著名历史学家朱熹（一一三零—一二零零年）在评价孔子的教育教学成就时说：『夫子教人，各因其才。』孔子在教育实践中也一直践行着因材施教的原则。孔子对他的学生都十分了解，掌握学生的性格，能用准确的语言概括学生的特点，对不同的学生有不同的教育方法，往往学生提出同一个问题，孔子有不同的答复。

《论语》中记载，孟懿子（？—前四八一年）问孝，孔子对他说，不要违背礼节，这是因为孟懿子家是鲁国三家之一的大贵族，势力庞大，有不守礼节的僭越行为，所以孔子回答他不要违背礼节。孟懿子的儿子孟武伯（生卒年不详）问孝，孔子针对这位贵族公子不关心父母的冷暖疾病而回答说，孝就是首先要关心父母的健康情况。子游问孝，孔子回答要更加恭敬父母。子夏问孝，孔子提出只知道代替父母做事，供给父母酒食，还不能算孝，对父母的态度还要亲切和悦。

还有一个脍炙人口的故事，也体现了孔子的因材施教的教学方法。子路问孔子：『听到一个道理要马上去执行吗？』孔子说：『有父兄在，应该先向他们请教再说，怎么能马上去执行呢？』冉有问同样一个问题，孔子却让他马上去执行。公西华问为什么，孔子说：『冉有遇事畏缩，所以要鼓励他大胆去做；子路遇事轻率，胆大好胜，所以要加以抑制。』

正因为孔子这种因材施教的教育方法，使得其弟子的成就，不拘一律，各有所长，各有不同。

孔门弟子

孔门分四科，即注重在德行、言语、文学、政事四个方面的教育。四科弟子都取得了杰出的成就，『德行：颜渊、闵子骞（前五三六—前四八七年）、冉伯牛（生卒年不详）、仲弓（生卒年不详）；言语：宰我（前五二二—前四五八年）、子贡；政事：冉有（前五二二—前四八九年）、季路；文学：子游（前五零六—？）、子夏（前五零七—？）。』

颜渊是孔子最得意的弟子。孔子认为做人的最高境界是仁，做学问的最高境界是乐。在学

习的过程中，孔子强调学习者要以知识、真理为快乐，正所谓『知之者不如好之者，好之者不如乐之者』。在孔子的学生中，孔子认为颜回做到了这一点。颜回也是孔子最喜欢的学生，孔子曾说：『贤哉，回也一箪食，一瓢饮，在陋巷，人不堪其忧，回也不改其乐。』颜回的快乐是学习的快乐，是道义本身的快乐，是体悟知识的快乐，不管颜回是身在陋巷，还是家境富有，衣食无忧，他的快乐是不会发生变化的。孔颜乐处，也一直是后世之人所追求的求学境界。

子贡，也是孔子的得意门生。子贡善于雄辩，办事通达，是卓越的社会活动家和杰出的外交家，并且善于经商，为孔子弟子中首富。子路是孔子学生中性格最为鲜明的，为人鲁莽率直，做事果断，以政事见称。

孔子六十九岁时，他的独子孔鲤（前五三二—前四八一年）去世。七十一岁时，他的得意门生颜回病卒。孔子悲痛至极，哀叹道：『天丧予！天丧予！』这一年，有人在鲁国西部捕获了一只叫麟的怪兽。怪兽不久死去，他认为象征仁慈祥瑞的麒麟出现又死去，是天下大乱的不祥之兆，便停止了《春秋》一书的编撰。七十二岁时，突然得知弟子仲由在卫死于国难，他哀痛不已。次年（前四七九年）夏历二月，孔子寝疾七日，赍志而殁。子贡对孔子非常尊敬，孔子葬后，弟子皆服丧三年，唯有子贡多守墓三年，足见子贡与孔子感情之深。《论语》由孔子的弟子及其再传弟子编纂而成，主要记录了孔子及其弟子的言行，是当今我们研究孔子思想最直接、最可信的资料。

拜谒三孔 怀思先贤

孔夫子的庙宇、墓地和府邸，位于山东的曲阜。曲阜孔庙、孔林、孔府于一九九四年十二月根据世界文化遗产遴选标准入选《世界遗产名录》。孔庙是公元前四七八年为纪念孔夫子而兴建的，千百年来屡毁屡建，到今天已经发展成超过一百座殿堂的建筑群。孔庙著名的石刻艺术品有汉画像石、明清雕镌石柱和明刻圣迹图等。孔庙碑刻是中国古代书法艺术的宝库，碑刻中有汉碑和汉代刻字二十余块，是中国保存汉代碑刻最多的地方。

当初的孔宅如今已经扩建成一个庞大显赫的府邸，整个宅院包括了一百五十二座殿堂。孔府是孔子嫡孙的官署，孔子嫡孙一向以『礼门义路家规矩』相标榜，恪守诗礼传家的祖训，建筑也受到儒家礼仪的制约，留下了儒家宗法制度与伦理观念的烙印。

孔子葬于鲁城北泗上，其后代从冢而葬，形成今天的孔林。从子贡为孔子庐墓植树起，孔林内古树已达万余株。自汉代以后，历代统治者对孔林重修、增修过十三次，以至形成现在规模，总面积约两平方公里，周围林墙五千六百米，墙高三米多，厚一米。可以说，这里是孔氏家族的一部编年史。

孔子在世时闻名遐迩，被时人誉为『天纵之圣』『天之木铎』『千古圣人』，逝后受到人们的敬仰和怀念，被后世尊奉为『万世师表』。孔子在中国教育史上有『至圣先师』的地位，是中国古代教育思想的奠基人和集大成者。

书院之设 千古流芳

『风声雨声读书声，声声入耳；家事国事天下事，事事关心。』这是一座书院的对联，寓意为学之人应勤勉治学，兼济天下。书院是私人或官府所设的聚徒讲授、研究学问的场所，萌芽于唐，完备于宋，废止于清。书院前后千余年的历史，对中国传统文化与教育的发展产生了重要的影响。

唐开元年间在东都洛阳设下的丽正书院，后改为集贤殿书院，是『书院』名称之始。继此之后，唐代出现的一些私人创办的书院，如梧桐书院、东佳书院，已有讲学活动的记载。宋代以后，书院与理学结合最终以其独特办学形式、管理体系和教授方法，逐渐趋于成熟和完善，成为中国古代教育史和学术史上的灿烂明珠。

北宋时期涌现出了一批私人创办的全国著名的书院，如白鹿洞、岳麓、睢阳（应天府）、嵩阳、石鼓、茅山、象山等书院。其中白鹿洞、岳麓、睢阳（应天府）、嵩

阳书院并称为中国古代四大书院。元代书院建设得到元朝政府政策的奖励，政府颁布法令保护书院，使得书院繁荣发展，并将书院和理学由南方推广到北方，促进了南北方的文化交流。虽然元代政府保护书院的政策，促进了书院的发展，但是另一方面，书院受到官府的控制，逐渐朝着官学化的方向转化，失去了书院自由明辩的讲学特色。明代十分重视官学的发展，注重加强对人民的思想控制，书院自由讲学的风气遭到统治者的反对，在明代出现了四次禁毁书院的事件，对书院的发展造成了不利的影响，书院讲学处于的沉积消沉的状态。尽管如此，明代书院的数量仍远远超过宋、元两代，并涌现出了以王守仁为代表的『心学』学派，与以朱熹为代表的『程朱理学』分庭抗礼，明末清初又涌现出了黄宗羲、顾炎武、王夫之等思想家，在中国古代教育思想史上具有举足轻重的地位。清代末年，废除科举制度，设立学堂，经历千余年的书院教育走完了科举历程，但是书院作为中国古代教育史上一颗璀璨的明珠，永远载入史册。

四大书院之首

应天府书院，又称睢阳书院，其前身是南都学舍，位于河南省商丘市睢阳区商丘古城南湖畔。宋初书院多设于山林胜地，唯应天府书院设于繁华闹市，历来人才辈出。

应天府书院的历史，可以追溯到五代时的后晋。当时有邑人杨悫（生卒年不详）『乐于教育』，聚徒讲学。杨悫去世后，他的学生楚丘人戚同文（九零四—九七六年）继承师业，继续办学，培养出诸如宋度、许骧（九四三—九九九年）、陈象舆、高象先、郭成范、王砺等后来都成为台阁重臣的著名人物。

应天府民曹诚（生卒年不详）实资雄厚，藏书丰富，慨然继承戚同文的办学事业。由他筹资，增建校舍一百五十间，聚书数千卷，『博延生徒，讲习甚盛』。大中祥府二年（一零零九年），曹诚呈请朝廷，以学入官，得到了宋真宗的赞许，并正式赐匾额为『应天府书院』。宋仁宗时，应天府书院改为南京国子监，成为北宋最高学府之一。北宋开科取士，应天书院百余名学子在科举中及第的竟多达五六十人，学院名声大振，出现了『远近学者皆归之』的盛况。

应天府书院几经扩展，『其名声著天下』，逐渐成为学术文化交流与教育中心。『先天下之忧而忧，后天下之乐而乐』的范仲淹（九八九—一零五二年），年轻时曾在这里求学，后来又任教于此。面对北宋科举取士与学校育人存在的矛盾，范仲淹在应天府书院执教时，教导学生求学的最终目的并不只是科举及第，先耀门庭，更要树立『以天下为己任』的求学目标，讲究『从德』，并学以致用。

应天书院是中国古代书院中唯一一个升级为国子监的书院，被尊为四大书院之首。它推动了宋初学术、书院学风向经世致用方向的转变，明确了学术、大师在书院中的重要作用和历史地位。

海内第一书院

白鹿洞书院，位于庐山五老峰南麓（今属江西九江市），享有『海内第一书院』之誉。其创始人可以追溯到唐朝的李渤（？—八三一年）。相传李渤养有一只白鹿，终日相为伴随，人称白鹿先生。五老峰的山峰回合，形如一洞，故取名为白鹿洞。到南唐升元（九三七—九四三年）年间，白鹿洞正式辟为书馆，建立『庐山国学』，亦称『白鹿国学』，这就是白鹿洞书院的前身。宋代初年，经扩充改建为书院，并正式定名为『白鹿洞书院』。到了北宋末年，金兵南下，战争频繁，烽火连天，书院遭到毁坏。直至南宋朱熹（一一三零—一二零零年）出任南康太守时，才得到重建。朱熹亲自讲学，并制定洞规，后来著名哲学家陆象山（一一三九—一一九三年）也来到白鹿洞书院讲学，朱熹、陆象山又有『白鹿洞之会』，书院也因之而闻名天下。

朱熹在哲学上继承了程颐的本体论思想，并吸收自先秦以来包括佛教思想在内的各家学说理论，是中国古代哲学思想的集大成者。朱熹与陆九渊合称为『朱陆』。陆九渊是宋明两

代『心学』的开山鼻祖，在哲学上最著名的命题是『心即理也』，与朱熹的哲学体系相对立。朱熹和陆九渊不仅在哲学立场上相对，而且关于治学方法也互相争论。他们的分歧在一一七六年鹅湖之会时发展为面对面的公开争辩。

吕祖谦（一一三七—一一八一年）意在调和朱熹和陆九渊二人的学术分歧，出面邀请陆九龄（一一三二—一一八零年）、陆九渊兄弟前来鹅湖寺与朱熹见面。双方就各自的治学方法、修养方法展开了激烈的辩论，争执三天，最后以各自保留自己的意见，互不相让而告终。朱熹强调『道学问』，认为要做一个圣贤，要按《大学》所指出的步骤，从格物开始，『格物致知』，对读书，多观察事物，一旦豁然贯通了，就能运用自由，处处符合天理。陆氏兄弟主张『尊德性』，认为尊德养心是最重要的，要『先立乎其大』，读书穷理的功夫是第二位的，指出『举尧舜读何书来？』，但并不失其为圣人，以此来反对朱熹的观点。后来鹅湖古寺又被叫作『鹅湖书院』，以此来纪念这次辩论。

朱陆二人在学术观点上相对立，但他们友谊极厚，互相钦佩对方的才华。鹅湖之会后，陆九渊访朱熹于南康，并在朱熹主持的白鹿洞书院讲学。陆九渊讲《论语》『君子喻于义，小人喻于利』一章，将自己的为学宗旨阐述得淋漓尽致，听者泣下。朱熹也表示『熹在此不曾说到这里，负愧何言』。此次南康会晤又被称为『白鹿洞之会』。朱熹和陆九渊之间的辩论，并未消除二人的思想分歧；而朱熹则集宋朝理学大成，被后代学者奉为『万世宗师』。

陆九渊的心学传至明代，经王阳明（一四七二—一五二九年）的发展，形成一个比较系统的哲学体系，世称『陆王心学』，作为程朱理学的对立面，曾一度影响明清两代思想的发展。

千年学府弦歌不绝

岳麓书院位于湖南省长沙市湘江西岸的岳麓山，风景优美，典雅朴实，是保存相对完好的书院建筑，为国家重点文物保护单位。岳麓书院的前身是唐末五代两位僧人讲学的学舍，于北宋开宝九年（九七六年）正式建成，历经宋、元、明、清，有千年的历史，培育出了无数英才。南宋时期，以张栻（一一三三—一一八零年）为代表的湖湘学派，在此进行学术思想的研究和传播，影响深远。一一六七年朱熹来岳麓书院与张栻会讲，历时两月，『朱张会讲』也被誉为一段历史佳话。另外像王夫之（一六一九—一六九二年）、曾国藩（一八一一—一八七二年）、郭嵩焘（一八一八—一八九一年）等历史名人，都曾就读于岳麓书院。『惟楚有材，于斯为盛』，正是岳麓书院历史上人才辈出的真实写照。晚清实施新政，废书院而兴学堂，岳麓书院改制为湖南高等学堂，及至一九二六年正式定名为湖南大学。

『千年学府，弦歌不绝』。这座誉满海内外的著名学府，至今仍作为湖南大学下属的办学机构从事高等教育，其对宋明理学、中国书院史、湖湘文化史、中国礼制史的研究，在国内外处于领先地位。

嵩阳书院

嵩阳书院初建于北魏孝文帝太和八年（四八四年），位于河南省登封市嵩山南麓，名为嵩阳寺，为佛教活动场所。隋炀帝大业（六零五－六一八年）年间，更名为嵩阳观，改为道教活动场所。唐弘道元年（六八三年）高宗李治游嵩山时，辟为行宫，名曰「奉天宫」。五代后周（九五一－九六零年）时，改为太乙书院。宋仁宗景祐二年（一零三五年），名为嵩阳书院，此后一直是历代名人讲授经典的教育场所。

历史上嵩阳书院作为儒教圣地以理学著称于世，以文化赡富，文物奇特名扬古今。程颢（一零三二－一零八五年）、程颐（一零三三－一一零七年）是南宋理学的代表人物，学识渊博，谦逊和蔼，讲学深入浅出，善于诱导启发，朱熹就曾向「二程」求学。「二程」在此讲学，学院因此名声大振。书院除了讲学名家，还有「将军柏」和「大唐碑」两个珍奇历史文物。

嵩阳书院内原有古柏三株，西汉元封六年（公元前一一零年），汉武帝刘彻（前一五六－前八七年）游嵩岳时，见柏树高大茂盛，遂封「将军柏」。大将军柏树高十二米，围粗五米四，树身斜卧，树冠浓密宽厚，犹如一柄大伞遮掩晴空。二将军柏树高十八米二，围粗十二米五四，虽然树皮斑驳，老态龙钟，却生机旺盛，虬枝挺拔，两根弯曲如翼的庞然大枝，左右伸张，形若雄鹰展翅，金鸡欲飞。每当山风吹起，枝叶摇动，如响环佩，犹闻丝竹之音。三将军柏毁于明末。关于「将军柏」树龄一直是个神秘的话题。该树是西汉武帝刘彻所封，从受封至今，已有两千多年的历史，赵朴初（一九零七－二零零零年）老先生留有「嵩阳有周柏，阅世三千岁」的赞美诗句。经林学专家鉴定，将军柏为原始柏，树龄有四千五百年，是中国现存最古最大的柏树，为书院增添了历史的厚重感。

「大唐碑」全称为《大唐嵩阳观纪圣德感应之颂碑》，唐天宝三年（七四四年）刻立，碑高九米零二，宽两米零四，厚一米零五，碑制宏大，雕刻精美，素有「嵩山碑王」之称，通篇共有碑文一千零七十八字，内容主要叙述嵩阳观道士孙太冲（生卒年不详）为唐玄宗李隆基（六八五－七六二年）炼丹九转的故事。碑由李林甫（六八三－七五二年）撰文，裴迥（生卒年不详）篆额。碑上徐浩（七零三－七八三年）的八分隶书，字态端正，刚柔适度，毛法遒雅，是唐代隶书的代表作品。嵩阳书院明代石刻「登封县地图」，刻于万历癸巳年（一五九三年），图上详细刻制着嵩山地区名胜古迹的分布情况和山川、河流、道路、村镇等名称，是登封文物分布图，又是登封县地图。其时登封县文物名胜尽管志书都有记载，但用地图形式直接描述的，仅此一块石刻地图。

嵩阳书院经历代多次增建修补，基本保持了清代建筑布局，南北长一百二十八米，宽七十八米，占地九千九百八十四平方米。书院中轴建筑共分五进院落，由南向北依次为大门、先圣殿、讲堂、道统祠和藏书楼，中轴线两侧配房相连，共有古建筑一百零六间，多为硬山滚脊灰筒瓦房，古朴大方，雅致不俗，与中原地区众多红墙绿瓦、雕梁画栋的寺庙建筑殊异，具有浓厚的地方建筑特色。嵩阳书院因其独特的儒学教育建筑性质，被称为研究中国古代书院建筑、教育制度以及儒家文化的「标本」。二零一零年八月一日，嵩阳书院作为「登封「天地之中」历史建筑群」的子项目，被联合国教科文组织正式列入世界文化遗产名录。

杏坛弦歌 木铎遗响

二十世纪之中国人文学界，群星璀璨，天才辈出。其中，梁启超（一八七三—一九二九年）、王国维（一八七七—一九二七年）、陈寅恪（一八九零—一九六九年）、赵元任（一八九二—一九八二年），都曾任教于清华大学国学研究院，被称为中华民国四大国学大师，对中国传统文化和教育事业的发展，做出了不可估量的贡献。

清华大学国学院四大导师之首梁启超先生实乃国学集大成者，『中国近代百科全书式的天才学人』。

中国之新民

梁启超（一八七三—一九二九年），广东新会人，字卓如，号任公，又号饮冰室主人，中国之新民等。梁启超是中国近代著名政治家和学者，一生学术涉猎极广，哲学、文学、史学、经学、法学、伦理学、宗教学等领域均有建树，以史学研究成绩最著，其著作合编为《饮冰室合集》。梁启超天资聪慧，自幼接受传统教育，熟读《四书》和《诗经》，『八岁学为文，九岁能缀千言』。除了读书，祖父梁维清十分重视对梁启超的历史遗迹和人文思想的教育。每逢上元佳节，祖父梁维清都要携诸孙来到当地一座庙宇，指点示之：此朱寿昌弃官寻母也，岳武穆出师北征也……这些历史人物的爱国精神，深深地激励着童年时代的梁启超，成年以后他表现出强烈的爱国情怀和民族气节。

一八八九年梁启超在广东乡试中举人，次年赴京会试未中，在回广东的途中看到了由徐继畬（一七九五—一八七三年）所编纂的《瀛环志略》，书中对世界地理、风土人情以及西方民主制度的介绍，使梁启超的思想受到了极大的冲击。同年，他结识康有为（一八五八—一九二七年），并投其门下，宣传维新变法思想，与康有为一起为救国救民积极奔走，史称『康梁』。一八九四年，甲午战败，一八九五年，为了反对清政府签订丧权辱国的《马关条约》，康有为、梁启超发动在京应试的数千名举人联名上书光绪帝，史称『公车上书』。随后二人又在北京创立《中外纪闻》，组织强学会，在上海创立《时务报》，积极宣扬维新变法思想。一八九八年，梁启超参加了由康有为发起的戊戌变法，负责处理京师大学堂

译书局的事务，起草了《京师大学堂章程》，规定了京师大学堂的办学方针：『中学为体，西学为用，中西并用，观其会通。』同年，变法失败，梁启超流亡日本。戊戌变法失败后，所有的改革措施都被取消，只有京师大学堂被保留下来。辛亥革命后，京师大学堂改称为北京大学，是中国第一所国立综合性大学。

中华民国初年，梁启超支持过袁世凯（一八五九—一九一六年），但在一九一五年袁世凯露出称帝野心后，梁启超毅然决然地发表《异哉所谓国体问题者》一文，斥责袁世凯称帝，并疾呼称帝者必亡，以其自身在新闻界的威望，来呼吁大家反袁，而且亲自赴两广地区参加反袁斗争。之后，梁启超又在段祺瑞（一八六五—一九三六年）政府任职，直至一九一七年，孙中山发动护法运动，段祺瑞政府倒台，梁启超也随即退出政坛。梁启超退出政坛后，随即赴欧考察，回国后，专心从事学术研究工作。一九二二年起他在清华学校兼课，一九二五年应聘任清华国学研究院导师。梁启超对待国学的态度，也不是盲目推崇，而是持一种批评、继承和发展的态度。梁启超认为，西学的传入是不可阻挡的，在这种情况下，倡导青年学习国学，在洞悉国情的基础上，主动学习西学，并将其能够『证明中学』的西学融入到国学之内，输入适合中国需要的外学，『使外学之真精神普及于祖国』。既要知己之所长，又要知己之所短，既不要『徒为本国学术思想界所窘，而于他国者未尝一涉其樊』，也不要『徒为外国学术思想所眩，而于本国者不屑一厝其意』。梁启超的思想在当时的青年中产生了广泛的影响。

『立身求作万夫的，著论当为百世师』是任公先生诗中之言，终其一生，梁启超以一个知

识分子的良知从政为学，在时代的变局中始终保持一个知识分子的清醒。胡适（一八九一—一九六二年）挽梁启超联：文字收功，神州自命；平生自许，中国新民。

开创近代教育

王国维（一八七七—一九二七年），浙江海宁人，字静安，号礼堂、观堂等。王国维一生从事教育事业，具有自己独特的教育理念，是中国近代教育的开创者之一，此外他还是中国近代杰出的学者、古文字、古器物学家、诗人，是公认的国学大师。

王国维受到戊戌变法风气的影响，放弃了科举，并产生了教育救国的思想。他早在《时务报》工作时，就提出了在海宁筹办师范学堂和小学堂的构想，但最终未能付诸实践。维新变法失败后，他又致函汪康年，陈述教育是今后中国的『第一要著』。一九零一年，王国维在罗振玉（一八六六—一九四零年）资助下赴日留学，因病归国后，在罗振玉推荐下，先后执教于通州师范学校、江苏师范学堂，主要讲授西方哲学、心理学、伦理学、社会学等课程，还为此编译了相关教材，这在当时是前所未有的创举。一九零六年后，王国维随罗振玉入京，先在清廷学部任总务司行走，后入清政府学部图书编译局，开始从事中国小说、戏曲、词曲的研究，以所著《曲录》《宋元戏曲考》《人间词话》等而名世。一九一一年辛亥革命后，王国维随罗振玉东渡日本。一九一六年归国后，应上海著名犹太富商哈同之聘，返沪任仓圣明智大学教授，并继续从事甲骨文、考古学研究。

一九二二年受聘北京大学国学门通讯导师。一九二五年，清华国学研究院成立，聘请梁启超、王国维等为教授。

近代中国，随着西方文化的传入，中国的教育制度也发生了巨大变革。在中西文化浪潮的碰击下，王国维以极大的热忱了解和引进西方文化。王国维认为教育的当务之急就是『振兴高等教育』，培养出『英雄』『天才』以『供驱策之用』。发展高等教育的当务之急是要解决高等教育师资匮乏问题，对于国内一些新兴学科，大胆起用外国专家为权宜之计，然后，选取专门人才中优异者『使之留学外国，以备他日大学教授之选』。

王国维十分强调哲学对人生的重大意义，他认为哲学是知识之源，对其他学科的发展起着方法论的指导作用，并提出了以哲学『裒然居首』的课程体系构想。王国维作为中国近代著名的教育学家，其强调人文精神的教育宗旨和彰显哲学思维的课程体系，体现了一种先进的教育理念，对当今中国的教育改革和发展，具有十分重要的借鉴价值。一九二七年六月，国民革命军北上时，王国维留下『经此世变，义无再辱』的遗书，投颐和园昆明湖自尽，在其人生学术鼎盛之际，为国学史留下了最具悲剧色彩的『谜案』。

陈寅恪在一九二九年所作王国维纪念碑铭中提出：『他一生最重学术自由，其著作《柳如是别传》也是为了『表彰我民族独立之精神，自由之思想』。至今，这一思想已成为中国知识分子共同追求的学术精神与价值取向。』陈寅恪的学术精神也突出体现在他一生之中一再表述的『独立之精神，自由之思想』。

独立之精神 自由之思想

陈寅恪（一八九零—一九六九年），江西义宁（今修水县）人，出身名门，祖父陈宝箴（一八三一—一九零零年）曾任湖南巡抚，父亲陈三立（一八五九—一九三七年）是晚清著名诗人。陈寅恪因受到良好的教育而学识过人，在清华任教时被称作『公子之公子，教授之教授』。陈寅恪在中国近现代学术史上，堪称最负盛名的历史学家、古典文学研究家、语言学家。陈寅恪儿时启蒙于家塾，在家庭环境的熏陶下，从小就能背诵四书五经，而且家中丰富的藏书也使得他能够广泛阅读历史、哲学、佛书等典籍。十一岁时，陈寅恪进入思益学堂接受教育，在这个阶段，陈寅恪不仅打好了深厚的国学基础，又博其思想、增其见识，拓其视野，为日后游学国外，接受东西方现代文明洗礼打下了坚实的基础。陈寅恪有着十分复杂的游学经历。在留学期间，他勤奋学习，积蓄各方面的知识而且具备了阅读蒙、藏、满、日、梵、英、法、德和巴利、波斯、突厥、西夏、拉丁、希腊等十几种语言的能力。这都为他的史学研究打下了坚实的基础。陈寅恪于一九二五年就任清华大学国学研究院导师，与梁启超、王国维并称『清华三巨头』。其后他陆续在清华大学、北京大学、广西大学、西南联大、中山大学任教，前后共四十年。

他讲课方式多种多样，或引用多种语言，佐证历史；或引诗举史，从《连宫洞》到《琵琶行》《长恨歌》，皆信口道出，而文字出处，又无不准确，独到的阐发更是精当，令人叹服。

更令师生们惊叹的是陈寅恪的博学。他在课堂上讲授的学问贯通中西，在课余分析各国文

字的演变，把葡萄酒原产何地，流传何处的脉络，讲述得一清二楚。他上课时，连吴宓（一八九四—一九七八年）、朱自清（一八九八—一九四八年）等清华的教授们也常来听。其夫人唐筼，是台湾巡抚唐景崧的孙女，同样是一位女教师，在清华园相识，志同道合。盛名之下，他朴素厚实，谦和而有自信，真诚而不伪饰，人称学者本色。陈寅恪作为一代国学大师，从来不摆国学大师的架子，具有幽默感。一次，在研究院的学生聚会上，陈寅恪作了一副对联：『南海圣人再传弟子，大清皇帝同学少年。』意为康有为『南海圣人』之称，是梁启超的老师，各位学生自然就是南海圣人的再传弟子，而王国维是溥仪（一九零六—一九六七年）的老师，你们现在也是王先生的学生，岂不就跟溥仪是同学吗？对联令同学们兴奋不已。还有一次，陈寅恪在西南联大讲学时，为躲避日机空袭时要『跑警报』，他为防空洞作了一副对联：『见机而作，入土为安。』见机者，见飞机也；入土者，进防空洞也。自然中见妙用，戏谑中见达观。

陈寅恪长期致力于教学和学术研究工作。他的研究范围十分广泛，包括历史、文学、哲学、宗教、语言等方面。在这些领域中，他不仅能够融会贯通，而且取得了巨大成就，尤其是史学领域。陈先生的治学方向经历了从周边民族史和佛经翻译文学向中国中古史的转变。他在魏晋南北朝史和隋唐史方面研究三十多年，代表性著作为《隋唐制度渊源略论稿》和《唐代政治史述论稿》，为后来的史学研究者提供了思路与研究资料。

陈寅恪在晚年遭遇了双目失明的痛苦，这对于一个朝夕读书写文章的学者是一个沉重的打击。即使这样，陈先生从来没有停止过学术研究。晚年的经历给这位国学大师的治学生涯添上了悲壮的色彩，他也因此更加赢得后世的景仰。大师虽然已经远去，但他的精神永存。

汉语言学之父

清华大学成立国学研究院，聘梁启超、王国维、陈寅恪、赵元任（一八九二—一九八二年）四位教授为导师，被称为『清华四大导师』，而赵元任是四位当中最年轻的一位。赵元任字宣仲，江苏武进（今常州）人，生于天津，是罕见的语言学天才，能说三十三种方言，精通多国文字，是中国语言科学的创始人。他同时精通乐理，在音乐学方面也有显著的成就。赵元任出身名门，是宋代开国皇帝赵匡胤的第三十一代孙，著名史学家赵翼（一七二七—一八一四年）是他的六世祖。父亲中过举人，善吹笛，母亲善诗词及昆曲，这使得赵元任幼年受到了良好的教育。由于祖父在直隶为官，他幼年时和父母一直跟随祖父在河北各地居住，周围的语言环境非常有意思。祖父、伯父和父亲原本是说常州话的，平时讲起『官话』来，也常常是带有常州口音的官话。佣人是保定人，平常说的是一口保定话。母亲冯氏北京话说得不错，再加上频繁地更换住所，使得赵元任从小就显示出超于常人的语言天赋。赵元任不仅拥有一双录音机般的耳朵，而且善于模仿他人说话，为其日后在语言学上的研究奠定了基础。

赵元任聪慧勤奋，成绩优异，一九一零年，以名列第二的成绩考取了庚子赔款第二批留美官费生，与胡适同船赴美，先后就读于康奈尔大学、哈佛大学，分别获得了数学学士、哲

学博士学位。留学海外的这段日子，按他自己的话说：『转到了哈佛研究院，我在名义上专修的是哲学，但是上了很多的语言的科目。』胡适先生也评价他说：『治哲学、物理、算数皆精。以其馀力旁及语言学、音乐皆有成就。』一九二零年赵元任在留美十年后，重新返回祖国并在清华大学教授数学、物理学、中国音韵学、普通语言学、中国现代方言、中国乐谱乐调和西洋音乐欣赏等课程。这一年，英国哲学家罗素来华巡回讲演，赵元任当翻译，每到一个地方，他都用当地的方言来翻译。有一次，他在途中向湖南人学长沙话，等到了长沙，已经能用当地话翻译了。讲演结束后，竟有人跑来和他攀老乡，问他是哪个县的。可见赵元任的方言说得多么地道。

就在这一年，他结识日后成为他妻子的杨步伟女士。赵元任和杨步伟都曾因父母之命分别与他人订婚，但是两人都是新思想的追随者，无法接受包办婚姻。最终父母『投降』，包办婚姻取消，两人重新获得了自由，终成眷属。婚后，赵元任重返哈佛进修语言学理论。

一九二五年，清华大学成立国学研究院，聘请赵元任作为导师。一九二八年赵元任又作为研究院语言研究所研究员，进行了大量的语言田野调查和民间音乐采风工作。他每到一处都很乐于像当地的居民学习方言，并且能够很快学会。赵元任曾编了一个极『好玩儿』的单音故事，以说明语音和文字的相对独立性。故事名为《施氏食狮史》，通篇只有『shi』一个音，写出来，人人可看懂，但如果只用口说，那就任何人也听不懂了：『石室诗士施氏，嗜狮，誓食十狮。氏时时适市视狮。十时，适十狮适市。是时，适施氏适市。氏视是十狮，恃矢势，使是十狮逝世。氏拾是十狮尸，适石室。石室湿，氏使侍拭石室。石室拭，氏始试食十狮尸。食时，始识十狮尸，实十石狮尸。试释是事。』一九三八年应美国邀请，赵元任赴夏威夷大学任教，后转往耶鲁大学、哈佛大学，后在加州大学一直任教到退休。

一九七三年，中美关系正常化刚起步，赵元任夫妇就回国探亲，并受到时任总理周恩来的亲切接见，谈到其致力研究的《通字方案》和文字改革。一九八一年，赵元任应中国社会科学院语言研究所之邀，再次回国探亲，受到时任国家领导人邓小平的热情接见，并接受了北京大学授予的名誉教授称号。赵元任博古通今，学贯中西，横跨文理，精通音乐，以其卓越的才能，在语言研究方面取得了不朽的成就，被誉为『汉语言学之父』，成为中国现代语言学的奠基者和推动者。

近现代，为中华民族的振兴和文化的复兴不断呐喊和奋斗的学者前赴后继，他们将爱国情怀倾注于『杏坛』这一教育圣地，用自己独特的方式，使国学赖以传承，文明不断延续，夫子的木铎声穿越千年回响在学子的耳畔。

绛帐传薪　继往开来

纵观近现代学术界，国学大师以丰厚的人文底蕴、贯通古今的学识涵养，身体力行，为弘扬中华传统文化而积极奔走，并以高远的境界和过人的智慧，观察、研究中国的教育。浓浓的人文关怀，全新的学术视野，使得博大精深的中国传统文化薪火相传、继往开来。

太炎先生独欲任持国学

十九世纪末二十世纪初，随着西学思想的传入，中国传统文化产生了巨大的危机，面对西学泛滥，人人争言西学，甚至对中国传统文化失去信心的时局，章太炎提出了『用国粹激荡种姓，增进爱国的热肠』的主张，号召『继绝学，存国故，植邦本，固种姓』。

章太炎（一八六九—一九三六年）浙江余杭人，名炳麟，字枚叔，号太炎，世人常称之为『太炎先生』。辛亥革命后，章太炎退居书斋，钻研学问，其一生讲学不止，弟子遍及天下，在当代国学研究界的影响巨大，被后人誉为一代国学大师。

纵观章太炎一生，经历了维新变法改良运动和资产阶级民主革命，其『七被追捕，三入牢狱，而革命之志，终不屈挠』的豪杰精神和视死如归的英雄气概，堪称后世楷模。章太炎认为，在民族危亡、竞争乱世的时候，国学是与国家、民族的命运紧密相连的，国学不兴，则国不可以立。学习传统国学旨在传承中华民族悠久的历史、文化、文字、习俗等，此乃立国之本。

国学这一概念，章太炎不仅使用得早，而且使用得多。其国学体系包括两个重要支柱：经学和小学。章太炎早年师从俞樾，进入杭州诂经精舍，学习经、子之学，奠定了他学术思想上古文经学的立场，并著有《膏兰室札记》《春秋左传读》等。基于古文经学的立场，章太炎一直主张经学即史学，经、史、子、集均为先人之遗迹，具有『史』的性质，发扬国学，从经史中阐发爱国主义的道德情操，激发国人的爱国心和英勇不屈抵抗外侵的勇气，

将宣扬国学与挽救民族危亡紧密联系起来。

太炎先生治学严谨，一丝不苟，为人正直，宁死不屈。中华民国初年，袁世凯设宴款待京城名流，章太炎收请柬后，不仅拒绝邀请，还在请柬上端大书四字『恕不奉陪』，随即投入邮箱。袁世凯称帝时，章太炎被袁幽禁在北京龙泉寺，直到袁世凯死后才被释放。然而生活中的他却不拘小节，常有非常之举。章太炎学识渊博，名满天下，常有慕名者前来听其讲学。章太炎嗜烟，讲课时也常常抽烟，有时讲到精彩处，拿着烟卷便往黑板上书写，常引得学生哄堂大笑。

章太炎本人以『独欲任持国学』自命，终其一生都为弘扬国学而抛尽心力，其研究范围涉及小学、文学、历史学、语言学等方面，著作颇丰，约有四百余万字，主要著作由其后人编入《章氏丛书》《章氏丛书续编》和《章氏丛书三编》。他博大的学术体系引领着国学诸多领域的前沿。

中国最后一位士大夫、国学宗师

钱穆，是中国近现代著名的国学大师，他对中国传统史学、文学、哲学研究成绩斐然。在北大，他与胡适（一八九一－一九六二年）都因以演讲的方式上课而驰名学校，成为北大最叫座的教授之一，在学生中即有『北胡南钱』之说。钱穆（一八九五－一九九零年），江苏无锡人，字宾四，晚号素书老人、七房桥人，斋号素书堂、素书楼。钱穆早年入私塾学习，因家贫中学未毕业便辍学归乡，『心中常有未能进入大学读书之憾』，失志自学，闭门苦读，乃至博古通今。一九三零年，被顾颉刚（一八九三－一九八零年）推荐，应聘北上，任燕京大学国文讲师，北京大学国文系副教授、教授，兼清华大学、北平师范大学课。钱穆在北大讲授通史课，事实性强，不骋空论，有据有识，简要精到，并能深入浅出，就近取譬。当时钱穆将通史课的教室设在北大梯形礼堂，面积是普通教室的三倍，『每一堂近三百人，坐立皆满，盛况空前』。课堂之大，听众之多，和那一排高似一排的座位，衬得下面讲台上穿着长衫的钱穆似乎更矮小了。但这位小个儿导师，却支配着全堂的神志。一口洪亮的无锡官话，震撼了在座的每一位学生的心。他自己也说过，他上课『几如登辩论场』。他对问题往往反复引申，广征博引，使大家惊异于其渊博，更惊异于其记忆力之强。抗日战争爆发后，他随北大师生南下，先后任教于西南联合大学、齐鲁大学国学研究所和华西大学。钱穆撰写《国史大纲》，采取绵延的观点了解历史之流，坚持国人必对国史具有温情和敬意，以激发对本国历史文化之热情与挚意，阐述民族文化史观，被公推为中国通史最佳著作。

后来，钱穆南下香港，创办新亚书院，任院长，使流亡学生得以弦歌不辍。他指出新亚办学的目的在于：『上溯宋明书院私人讲学培养通才之精神，旁采西欧大学导师制度，以人文主义的教育宗旨，融为学与做人的一体，复兴中国文化，沟通中西文化，提倡新学术，培养新人才，为人类和平、社会幸福谋前途。』一九六三年十月，新亚与其他几所书院联合组建为香港中文大学，他为谋划者之一。一九六七年十月钱穆迁居台北，受聘于中国文

学学院（后改为文化大学），任史学研究所主任和首届博士班班主任，继续从事教育至一九八六年。他从事教育历时四分之三个世纪，且从教小学、教中学直至教大学、研究生班，施教时间之长久、教学类型之齐备，在古今中外都是罕见的。

钱穆立足于传统儒家人文主义立场，更为深刻地揭示了中国传统教育的精萃。在教育价值观上，他重视人才，更重视立国精神的培养，特别是弘道、育人的作用。钱穆晚年专致于讲学与著述，虽视力日渐衰弱仍随时提出新观点，赖夫人诵读整理出版，谦称为《晚学盲言》。谢世后，家人将其骨灰散入茫茫太湖，以示归家。

钱穆一生写了一千七百多万字的史学和文化学著作，中国学术界尊其为『一代宗师』，更有学者谓其为中国最后一位士大夫、国学宗师。纵观其一生，最为重要的还是他所从事的的教育事业。他自己也表示：『教育乃余终身志业所在。』

学界泰斗三辞『桂冠』

『智者乐，仁者寿，长者随心所欲。一介布衣，言有物，行有格，贫贱不移，宠辱不惊。学问铸成大地的风景，他把心汇入传统，把心留在东方。』他就是学界泰斗——季羡林。

季羡林（一九一一－二零零九年），山东临清人，字希逋，又字齐奘。季老自幼家境贫寒，六岁离家，到济南去投奔叔父，叔父对季羡林要求极严，希望他学有所成。一九零三年季羡林高中毕业来到北平，考入清华大学学习德文，一九三五年通过清华大学与德国签订的交换研究生的协定，进入德国哥廷根大学学习印度学，在此期间季先生还经历了严重的饥荒。一九四六年他回到阔别十一年的祖国，并受聘为北大教授，一九七八年后任北大副校长，一直到去世都受聘在北大，是北京大学唯一的终身教授。季羡林曾把自己的学术研究概述为『梵学、佛学、吐火罗文研究并举，中国文学、比较文学、文艺理论研究齐飞』，同时他精通英、德、梵、巴利文等十二种语言，尤其精于吐火罗文，是世界上仅有的精于此语言的几位学者之一。季羡林被大家公认为现当代的国学大师，但是季羡林一生治学严谨，为人谦虚，面对『国学大师』桂冠，自感当之有愧，于是撰文辞去了『国学大师』的桂冠，『环顾左右，朋友中国学基础胜于自己者，大有人在。在这样的情况下，我竟独占「国学大师」的尊号，岂不折煞老身！』此外，季羡林也一并辞去了『学界泰斗』和『国宝』的美誉，三辞『桂冠』，展现的不仅是季羡林人格的修养，更是他对传统文化的一种敬仰和热爱的态度。

季羡林十分重视人类文化的发展，认为东西方文化应是『三十年河东，三十年河西』，一生为东方民族的振兴和东方文化的复兴不断呐喊和奋斗。季羡林强调文化一旦产生，就必然会交流，文化交流是人类进步的主要动力之一，人类必须互相学习，取长补短，才能不断前进，而人类进步的最终目标必然是某一种形式的大同之域。在东西文化互补论上，季羡林提出了著名的『拿来』与『送去』的文化理论，认为文化交流是双向的，不仅要学习西方文化，更要发扬东方文化，不仅要重视汉民族文化，还要重视多民族文化等。季羡林通过对文化交流的研究，提出了一个具有深刻意义的独到见解，那就是东西方文化是两个

文化体系，西方文化重视的是分析思维，即只见树木，不见森林；而东方文化重视的是综合思维，即既见树木，又见森林。在文化教育上，季先生倡导大『国学』教育，认为国学应该由五十六个民族共同创造的文化组成，国学教育也应该是包括五十六个民族的共同文化。他有多篇文章被选入了义务教育课程标准实验教科书中，如《怀念母亲》《夹竹桃》等。他创建的东方语文系，开拓了中国东方学学术园地。他的一百多部著作已被汇编成二十四卷的《季羡林文集》。季羡林的一生都致力于教学和学术研究，提出了许多重要的文化和文化教育理论，为弘扬中华文化、构筑东方和西方文化的桥梁作出了突出贡献。

为往圣继绝学

南怀瑾（一九一八—二零一二年），浙江乐青人，出身温州乐青的名门望族，自幼蒙承庭训，入私塾受教。其后，不仅研修佛学、遍阅儒道百家之言，还精习中国传统武术、文学、历史等，每得其精髓而以为乐。他倾其毕生经历弘扬传播中国传统文化，被后人誉为一代国学大师。

南怀瑾自幼喜爱武侠小说。一九三五年，十七岁的他前往杭州西子湖畔的浙江国术馆学习武术，两年后，以第一名的优异成绩毕业。抗日军兴，南怀瑾毅然投笔从戎，跃马西南，入川任教于中央军校军官教育队，担任武术教练兼政治指导员。在此期间，南怀瑾结识了德高望重的川北禅宗大师袁焕仙（一八八七—一九六六年）先生，跟随袁先生学佛修禅。

为深入研究佛法，南怀瑾辞去了军校教官之职，并奔赴四川峨眉山大坪寺闭关修炼。三年闭关期满后，南怀瑾又远走康藏等地参访密宗各宗派，对佛理有了更为精深的研究。离藏后讲学于云南大学、四川大学等校。

一九四七年底，南怀瑾回到了阔别九年多的故乡，过着隐居的生活。在此期间他有机会阅览了浙江省图书馆所藏的文澜阁《四库全书》及《古今图书集成》，为他日后的学术研究奠定了丰厚根基。一九四九年南怀瑾赴台，开始了他长达三十六年的台湾生活，授教于文化大学、辅仁大学等。在他赴美推广文化期间，其以渊博的学识，翔实生动的讲述方式以及个人的自身修养，赢得了世界性的声誉。旅美后，南怀瑾移居香港。在此期间，南怀瑾资助了中国第一条合资铁路——金温铁路，造福浙西南千万人民。铁路全线铺通后，南怀瑾功成身退，还路于民，抱着『为天地立心，为生民立命，为往圣继绝学，为万世开太平』的宏愿，造福桑梓，身体力行，弘扬中华民族传统的人文精神。

南怀瑾认为文化是民族存亡之根本，以弘扬中华传统文化为其根本心愿。在台湾生活期间，他创办了『东西精华协会』，并创办杂志《人文世界》。南怀瑾写的《静坐修道与长生不老》从《人文杂志》第一期开始连载，并最后发行单行本。此书还被译成外文，流传到世界各地。一九零零年上海复旦大学出版社隆重推出了南怀瑾的《论语别裁》等著作。《论语别裁》是南怀瑾在大众中影响最为深远的著作，书中南怀瑾从时代的角度，以白话的表达，『经史和参』，极受欢迎，并在全国很快形成一个『南怀瑾热』，至今不衰。

章节·贰

昌明国粹　化成民俗

中国人的生活中，精微如『核舟记』之独特工艺，细腻如景德镇薄胎瓷碗，久远如敦煌经卷之唐墨光泽，幽静如千年的岳麓书院，充满了诗情画意，和谐自然的韵味。中国人有悠久的文化渊源和人文精神，也有和谐的生活艺术。从古至今，中国人依靠文化艺术，获得精神愉悦和灵魂的慰藉。传统文化艺术中的琴棋书画、饮茶啜茗、诗酒唱和、衣冠服饰、园林建筑已融入日常生活，成为中国人特有的生活艺术。

中国素有『衣冠王国』的美称。纵观中国服饰发展的历史，每个朝代在服饰制度上都有其独到之处。殷商的上衣下裳，周代的冕服与深衣，秦汉的袍装与襦裙，魏晋南北朝的大袖与袴褶，唐宋的幞头，明代的补服，清代的旗袍，民国的中山装等等，无不显示着鲜明的时代特色。早在二十世纪七八十年代的时候，就有设计师做过『中国风』的时装展。立领、刺绣这些中国元素一直在影响着时装界。中国元素，在时尚设计上主要的表现，形式上是立领、盘扣、如意结；色彩上是红色，红色和绿色结合，尤其以红色为主；面料使用上，最典型的是丝绸，在西方人眼里，丝绸是东方的，中国的。『中国风』也带着一些时尚细节『镶嵌』在了国际著名品牌上：亚历山德罗·戴拉夸的中式立领夹克；德赖斯·范诺顿的花朵与竹子图案；赛琳礼服的亮紫红色调；范思哲系带凉鞋和迪奥高跟鞋上悬垂的黑色流苏；香奈儿对襟式的立领和盘扣……

近年来，越来越多的中国设计师走出了国门，在世界时装T台上透露着中国设计师的设计灵感，展现着中国设计师的设计理念。

中国也是茶叶之乡，茶文化源远流长，『茶之为饮，发乎神农氏，闻于鲁周公』。追本溯源，世界茶种茶类、栽培加工、品饮方式、茶礼茶仪、茶俗茶风、茶艺茶会、茶道茶德等，都直接或间接地源于中国。

佳茗、清泉、良辰、美境、知音，相聚品饮、雅俗共赏，似一幅『增墨则余赘，少比则欠缺』的写意水墨画。茶趣有雅俗之分，无高下之别。自古至今，名人与茶结缘，谈茶咏茗，诗词美工，佳作流传，通达饮茶之道。茶道精神，是茶文化的核心和灵魂。茶道的最高境界是人与自然的形神结合，达到人、物、情、景的通灵与交融。对于善饮茶者，品茶到了『以心品茶』的品悟层次，到了『苦尽甘来』的品饮之感，到了『忘我境界』，或近了茶道。

中国美景名茶之地甚多，而两者相得益彰。西湖龙井产于人间天堂——杭州，太湖碧螺春产于『入山无处不飞翠』的洞庭岛，普陀佛茶产于『南海潮声，水月流光环佛地，普陀山色，松韵笙翠碧禅天』的普陀佛顶山，君山银针产于『淡扫明湖开玉镜，丹青画出是君山』的岳阳君山。与茶文化相融的『赏茶游』，把赏景、达情、知味、选购合为一体，是绝妙的『名茶佳景』游。

如今，茶馆星罗棋布，茶馆文化越发生机勃勃，雅室、名画、美乐、茶艺，使茶馆成为闹市之中的『桃花源』。人与茶品相得，以茶待客，亦可以达情。

中国有史以来，酿酒业十分发达，各地佳酿如雨后春笋，层出不穷。随着酿酒业的普遍兴起，酒事活动也随之盛行，形成较为系统的酒风俗习惯。

从古至今，宴饮经过数千年的繁衍变化，可谓品种繁多，琳琅满目，有以宴会缘由命名的接风宴、送别宴、饯宴、朝宴；有礼贤雅士的乡饮宴、鹿鸣宴、曲江宴；有丰富多彩的节

日宴饮，如清明宴、端午宴、中秋宴；有尊者敬老的千叟宴、养老宴等等。中国宴名之多，数不胜数，构成了博大精深的中国宴饮文化。

在几千年的漫长文化史中，中国的岁时文化涵盖了天文、地理、生物，以及先民体认和适应环境、艰难探索而创造出的一种安身立命、乐天知命的生活哲学。传统文化所具有的延绵性和再生性，没有任何形式比在节庆历史中更具鲜活的生命力和表现力。

『岁时』的创立与发展是漫长的，从观念萌发到『岁时』命名形成，是上古文化传承至今的重要部分。从岁与时的原义发生之始，就表述了远古民众在生产生活经验中逐渐形成的时间观念。岁是年度周期，时是年度的季节段落，岁与时的配置，构成了中国古代社会的时间标志体系。『岁时』作为时间名称，在上古社会创立以后，始终为中国传统社会沿用，并围绕产生一系列人文活动。

在中国，岁时节庆与人生的日常生活关系最为密切，它也是生活与文化的最完美结合。人们从未忘却或放弃使用与公历并存的岁时历——农历。春节、端午、中秋、重阳……这些节日也以亲人情、近人性的旺盛生命力依然活跃在日常生活之中，未曾离开中国人的家庭。现代人的生活发生了巨大变化，尤其是都市生活的节奏加快，很多节俗来不及细细体味，但是，人们却在不自觉中随俗践行、习而未察、行而不知。当然，这是由于中国文化的历史特性，让中国人在物质繁荣的今天依然保持孝亲观念与伦理道德，在回归自然、敬天尊亲的民俗文化中，谛听先人智慧的呢喃。

在远古时代文明的蒙昧期，先人取暖防寒、遮羞蔽体、美化生活的目的促使了服饰的产生。随着中华文明的发展进步，中国传统服饰的内涵不断丰富，从单纯的服饰发展到拥有多重属性的文化元素，中国传统服饰体系已成为中国传统文化的重要表现形式。

『衣冠王国』的历史回眸

关于衣服发明的传说，《淮南子》记载：『伯余（黄帝时人名）之初作衣也，緂麻索缕，手经指挂，其成犹网罗。』黄帝时期的伯余是最早制造衣服的人，并将织布的工序描述得非常具体。随着家蚕饲养与丝绸的出现，中国古代服饰进入了一个全新的历史阶段。

先秦华裳 冠冕堂皇

殷商时期，丝织品精美，开始出现了华丽的衣裳。在商代的服饰中，传统的上衣下裳式装束已经普及。商代的上衣为窄袖右衽交领式，下身穿裙式短裳，腰间系有一宽带，带下前腹处还下垂一长条斧形饰，称『黻』。衣裳的领袖、底边、黻上施以不同的几何图形。从商代人物头上所戴各式首服来看，冠帽比较盛行。

《周礼》记载：『司服，掌王之吉凶衣服，辨其名物与其用事。』司服官职的出现，标志着服饰已经正式走上政治舞台。在周代的服饰中，冕服是礼服之首，穿戴者极为风雅。冕服的整体设计，不仅融入了中国的传统文化精神，而且将人伦、礼仪的思想鲜明地表现出来。周代的冕服共分六种，即大裘冕、衮冕、鷩冕、毳冕、希冕、玄冕等，在应用上，按照周天子、公、侯、伯、子、男的尊卑等序严格规定。冕冠是周代礼冠中最尊贵的一种，由冕和冠两部分组成，成语『冠冕堂皇』就是从此引申出来的。冕服历经各朝各代帝王的沿用、

改制和补充，直到中华民国时期才废止。袁世凯复辟称帝时，为自己预制了一顶冕冠，是中国历史上最后一顶冕冠，现存于中国国家博物馆。

周代的足衣（鞋类）统称为『屦』或『履』，还设有专门掌管履鞋之事的礼官——屦人。臣子见君王时，必须脱掉履和袜，赤足觐见，行赤足之礼，否则为大不敬。汉代依旧保持此礼俗，直到唐代才废止。

春秋战国时期，上衣下裳连属形式的深衣作为一种大众化的服饰流传很广。《礼记·深衣篇》：『古者，深衣盖有制度……十有二幅以应十有二月；袂圆，以应规；曲袷如矩，以应方；负绳及踝以应直；下齐如权衡，以应平。』上述记载，勾画出深衣的大体形制和意义，体现出古人对天圆地方，天人合一的文化追求。深衣对古代服饰的发展模式有着深远影响。其后出现的各种袍类、长衫，以至清代旗袍，现代的连衣裙，都是受深衣启发衍化发展而来的。

春秋战国之交，各国战乱纷争，为了提高军队战斗力，赵武灵王（约前三一零—前二九五年）推行了『胡服骑射』的政策。赵武灵王借鉴北方游牧民族服装短小窄紧、结实便利的优点，变革中原军队的服饰，废除下裳，改为长裤，改穿长筒皮靴，上衣改为紧身左衽的短袍，提高了军队的作战能力，是中国历史上第一次服装大变革。

秦朝戎装 汉代冠仪

纵观秦代的服饰，以袍服、深衣为主流，服饰形制基本上沿用战国各诸侯国的旧式，而甲服最具特色。秦代重视军事力量，为适应作战需要，甲服制作灵活而又多样化。军队利用威严的戎装甲骑、兵士阵容以炫耀国威。陕西西安出土的秦兵马俑，其军甲服饰以及排列阵容，威武整齐，规模宏大，是秦代服饰文化的真实体现和有力证明。

汉代是中国古代服饰制度的成熟阶段，恢复了传统的冕服制度，确立了朝官服饰的使用等级、皇后服饰内容以及朝官佩绶装饰的等级制度。汉代的服装主要有深衣、袍、单衣、襜褕、襦和袴等，冠的种类也极为丰富。深衣在两汉时期依旧被当作朝服沿用，形制仍为交领右衽，曲裾，上衣下裳连属的周代模式。袖筒明显加宽。在使用上，汉代依据天时节气的变化，规定深衣春天用青色、夏天用朱色、季夏用黄色、秋天用白色、冬天则用黑色。因此，汉代深衣也被称为『五（时）色衣』。汉代袍服直接沿袭秦旧制，用于朝服之中，且不分贵贱。袍服的制作工艺相对简单，省工省料，穿着舒服自如，体现了服饰发展的社会性与实用性的结合。

襦是一种比袍短的服装，经常与袴和裙配套穿用。颜师古（五八一—六四五年）在《急就篇》中注释：『长者曰袍，下至足跗；短衣为襦，自膝以上。』汉代的贵族子弟所穿的襦和袴均用上等的细绫（又称『绮』）和细绢（又称『纨』）裁制而成，『纨绔（「绔」通「袴」）子弟』就由此引申出来。广大劳动者所穿的襦衫用麻丝一类的粗劣织物做成，比一般袍衫

都短，又称『短褐』，便于活动与劳作，是广大劳动者喜欢的服装样式。

秦汉时期，妇女的头饰，无论在发式、髻型，还是在装饰艺术上，都有很多独特的地方，并且作为一种礼仪的形式被列入典章制度中，为服饰美增加了新的内容。在汉代，不仅皇后、贵妇人，一些舞女也经常佩戴巾帼装饰。清代厉荃（生卒年不详）《事物异名录》解释，『菌即帼，若今假髻，是用铁丝做圆圈，外编以饰物和毛发』，使用时，将这种头饰用簪定住戴在头上，远望上去，好似一个美丽的花篮，以显示女性的娇美。以后，人们把它作为女性的代称，『巾帼』一词便源出于此。

魏晋风流　宽衣博服

魏晋南北朝时期，民族大融合加快了服饰文化的发展。在汉族传统服饰文化为主体的基础上，各民族相互借鉴和融汇，创造出了具有新的历史特色和时代气息的服饰文化硕果。

北魏孝文帝（四六六—四九九年）意识到北魏鲜卑族与中原汉族之间的文化差异，对中原礼仪文化十分仰慕，推行了鲜卑汉化的政策，以汉族服饰取代鲜卑服饰，移风易俗，促进了少数民族的服饰发展和民族融合。

魏晋时期，传统的深衣逐渐消失，袍服成为正式的礼服之一，袴褶服开始盛行。『宽衣博服』成为这一时代的服饰标志。在晋代画家顾恺之（约三四六—四零七年）的作品和敦煌壁画中，也体现了这种服饰形式。妇女服饰『上俭下丰』式装束也成为时尚。

《宋书·谢灵运传》记载，南朝著名诗人谢灵运（三八五—四三三年）为排解心中的政治苦闷，终日游历山水之间。他发明了可以装卸屐齿的登山木屐，『上山则去前齿，下山则去其后齿』，很是方便省力。唐代诗人李白（七零一—七六二年）《梦游天姥吟留别》中脍炙人口的诗句『脚着谢公屐，身登青云梯。半壁见海日，空中闻天鸡』印证了这一发明。木屐不但用于民间，而且还用于军中。魏国司马懿（一七九—二五一年）入蜀作战，道路上长满蒺藜，士卒穿着履鞋行走，脚经常被扎，影响了行军速度。于是，司马懿传令让士卒穿上木制平底屐，防止了蒺藜的扎刺，加快了行军速度。尽管木屐在南朝被视为流行的足衣，但正式典礼活动中，从帝王到朝臣都必须按照传统礼规穿履参加。

此外，在东汉制靴的基础上，各种靴类也很盛行，出现了新的式样。沈括（一零三三—一零九七年）《梦溪笔谈》记载，北齐穿靴之风尤为盛行，官民俱可以穿用。南北朝时期的靴子，多数是长度至膝的高筒靴，选用的革料有羊、马、牛之皮。有些人更是别出心裁，将新履故意弄破，使之露出脚趾，谓之『穿角履』。

大唐气度　霓裳舞动

唐代，高度发达的传统文化与频繁的中外文化交流相结合，服饰文化呈现出空前的活力，繁而不乱、井然有序，在继承传统的基础上又兼收并蓄，精美的服饰层出不穷，姹紫嫣红、绚丽多彩。

隋唐五代，普遍流行各式的圆领袍。这种袍服设计合理，简单随意，一经穿用，便深受人们欢迎。至唐太宗时，出现了一种在膝盖部位加一道襕线的袍服，以表示对上衣下裳祖制的继承。袴袍形制将各民族文化因素融合在一起，进而朝着统一的中华服饰模式迈进。

唐初，唐高祖（五六六—六三五年）初定服饰制度，规定赭黄色袍为皇帝专用服，群臣禁服，后人因而常常用『黄袍』比喻地位。与此同时，对品官的服色做了较为细致的规定：亲王及三品以上官员袍服用紫色，五品以上用朱色，六品、七品用绿色，八品、九品用青色。在这一规定的基础上，唐高宗（六二八—六八三年）显庆元年（六五六年），再次规定了周密的官员品色制度。唐代品色制度的正式确立，为中国古代官服制度增加了新的内容，成为继冕服和佩绶制度后第三种能有效区分等级的服饰标志，并且直接影响了宋、辽及元代的服饰制度。

隋唐时代的妇女服饰，在继承中原传统服饰文化的基础上，广泛吸收西北各少数民族独特的服饰风格，形成了多姿多彩的开放格局。这一时期流行的主要服饰款式有短衫襦高腰长裙，胡服盛装，袒胸服装等。诗人周濆（生卒年不详）在《逢邻女》一诗中生动形象地记述了这种情景：『日高邻女笑相逢，慢束罗裙半露胸。莫向秋池照绿水，参差羞杀白芙蓉。』诗中反映了唐代社会风气的开放，女性对美的追求。

还有女子爱着男装，也是唐代妇女服饰的又一突出特色，是唐代妇女个性开放、多元化在服饰上的体现。唐代画家张萱（生卒年不详）的作品《虢国夫人游春图》中描绘了九位妇女骑马出行，竟有五个人都穿着男式的圆领袍衫，下身穿长裤和靴子。可见，女子着男装的风气在唐代始终存在。

宋尚儒雅 简约复古

宋代纺织业进一步发展，织锦业进入全盛时期，苏州的『宋锦』、南京的『云锦』以及四川的『蜀锦』等，都是非常有名气的锦品。与唐朝时期的豪放华丽不同，宋代丝织品秀气优雅、纤细柔美，反映出当时人们崇尚儒雅、简约服饰的观念。

在理学的影响下，宋代服饰朝着复古、质朴、规范、繁琐的风格发展，在官府和男子服饰上表现最为典型。《三礼图》被宋太祖（九二七—九七六年）确立为朝廷官府礼服制度的原始版本。宋代官服在礼序上显示了周汉官服典雅、庄重的风格，官品职位的标志在服饰上的反映也十分明显。宋代公服与常服合二为一，官员着公服的基本样式为：头戴幞头，身穿大袖长袍（襕袍），腰间系革带，带饰佩鱼，脚着乌皮革靴。

民间服饰开始使用复杂的色彩和运用刺绣及手工印染等技艺，质朴明朗的蓝印花布服装和民间刺绣服装，逐渐成为中国民间服饰艺术的主要格调。当时的衣帽材料开始使用诸如印有花纹的丝绸和加入金线编织的丝织品等面料，生色折枝花成为时尚。

宋代女装剪裁注重突出人的体形，可通过服饰将人体的曲线美展现出来。新式的旋袄、胡服等融合了汉族与少数民族服饰的优点，既新颖时尚又清雅大方。出现在中国五代时期的妇女缠足，开始时是宫廷舞女为跳舞方便且美观而采用的行为，宋代受礼教影响，妇女裹脚的风气被传承下来，逐渐成为一种习俗，还出现了专门的弓鞋。

民族服饰 异彩纷呈

辽、金、西夏、元时期，游牧民族入主中原，汉族服饰与少数民族服饰相互影响，为这一时期的服饰文化注入了新的活力。在继承汉族儒学衣冠传统、舆服制度、官服制度等的基础上，中国传统服饰逐渐向结构简化和功能合理的方向改进。

辽国服饰制度受到汉族文化的影响，逐渐形成了辽、汉两套服饰制度。辽国皇帝与管理汉族人的南官穿汉族服装，在大型祭祀上，祭祀者头戴金纹金冠，身穿白色绫袍，红色的腰带上面悬挂鱼形的饰品；在小型祭祀上，祭祀者应头戴硬帽，身穿红色刻丝龟纹袍。太后和北官大臣穿契丹族服饰。另外，契丹族及其从属部落的普通百姓只能髡发，不能戴帽子、头巾等。

女真族最初是辽国的一个附属部落，逐渐壮大建立金国。金国一开始模仿辽的服饰礼仪制度，后又采用宋代的官服制度。官服的款式袖子很窄、衣领是圆的、腋下不缝合，前后襟连接处作褶裥而不缺胯，在胸膛肩袖上饰以金绣。

元代服装，以长袍为主，样式比辽制宽大。礼仪服装模仿汉族服饰，其他服装仍然保留着传统的蒙古族样式。据《碎金》记载，男服有深衣、袄子、褡护、罗衫、汗衫等；围腰的有玉带、犀带、金带、角带等；帽饰有笠子、凉巾、暖巾、暖帽等；佩饰有昭文袋、镜袋、汗巾等；足衣有朝靴、花靴、旱靴、钉靴等。这一时期的妇女服饰，有南北之分：南有霞帔、坠子、长裙、衫子等，北有项牌、香串、团衫等，衣饰制作十分讲究。

明代华服 粲然有章

明代植棉遍及全国，丝绵织品丰富多样，帝王大臣穿的『蟒服』，官吏按品级穿的补服，以及贵族妇女的云肩、霞帔，多是专工织绣，颜色华丽，金紫夺目。这些服饰以龙、凤、云、水、花及各种鸟兽为主调，构图设计十分复杂，充分表现出明代织工的高超技艺。明太祖朱元璋（一三二八—一三九八年）根据汉族人的习俗，上采周汉，下取唐宋，对服饰制度重新做了规定，初步制定了一套冠服制度，其内容包括皇帝冕服、常服，后妃礼服、常服，文武官员常服及士庶巾服等。清代姚廷遴（一六二八—？）在《纪事编》一书中记载：『明季现任官府用云缎为圆领，士大夫在家亦常有穿云缎袍者，公子生员辈只穿绫绸纱罗。今凡有钱者任其华美，云缎外套遍地穿矣。』可见，明末无论官员的朝服、常服或是士庶的便服，都是随心所欲，不再严守定规了。

明代男子的首服，主要有乌纱帽、网巾、四方平定巾、纯阳巾、儒巾及六合一统帽、遮阳帽诸形制。其中，乌纱帽是用乌纱制作的圆顶帽，是明代百官的常着冠帽。今天，我们常把它作为『官』的象征，如被罢官，便说成『丢了乌纱帽』。

大清冠服 满韵风情

从历代服装沿革看，清代服装形制在中国历史服饰中最为庞杂、繁缛，衣冠服饰既保留了

汉族服制的特点，又不失满族的习俗礼仪。早在入关以前，清朝的官服制度就有详细的规定，定都北京后，又进行了修订。清顺治九年（一六五二年），礼部制定《服色肩舆永例》颁行天下。至此，文武百官的朝服及常服的样式、色彩、质料、纹样等都有了较详细的规定。耆老、民兵、商人、杂役等的服装，也都分别定明。

在反映清宫廷生活的影视中，可以看到王公贵族衣着十分讲究，珠光闪闪的礼冠上，还拖着一根孔雀翎——花翎。在等级森严的清王朝，花翎是一种『辨等威、昭品秩』的标志，也是显赫军功和地位的象征。若皇帝发怒，要惩办官员，则大喊『拔去花翎！』

旗袍的出现和普及，是中国袍服史上的标志之一。满族妇女平时多穿由礼服简化而来的长袍，因满族人有旗人之称，所以她们所穿的袍服，被统称为旗袍。清代旗袍样式的最大特点是宽敞，从外形看，大多是用平直线条，很少见曲线，袖口平而较大，下摆多垂至地面，掩住花瓶底旗鞋，显出满族妇女修长的身姿。

民国时尚 中西合璧

中华民国时期，中国传统衣冠服饰迎来了重大的改革。二十世纪二十年代末，中华民国政府重新颁布《服制条例》，规定了男女礼服和公务人员的制服形制。受外来思想的影响，这一时期服饰呈现了中西合璧的局面。民国初年，女性亦以穿旗袍为尚，并在原来的基础上加以改进，终于使之变成了一种独具风貌的服装，享有『国服』之美誉。二十世纪三十

年代，旗袍进入全盛时期，样式变化也日新月异，如衣身缩短、腰身紧收及缀以肩缝等。旗袍更为称身合体，衬托出东方女性的曲线美。民国时期，男装则是西装革履与长袍马褂并行不悖。『中华民主革命之父』——孙中山（一八六六－一九二五年）先生，创制了『中山装』，并逐渐在城市普及。中山装和西服在官职人员与知识界比较多用，主要在一些正式场合穿着，显得庄重礼貌，这是西方思想在中国社会中影响的具体体现。

中国民族服饰是华夏民族文化的载体，蕴含着华夏民族的历史文化、礼仪风俗与审美艺术。无论是蛮荒的远古还是在日新月异的现代社会，历经时代的变迁，中国民族服饰以汉民族为主体，多民族风格和谐并存而独具特色的传统服饰体系，始终代表着中国人不断追求的文化审美与生活艺术。

『茶道』一词的中国文化精神，在传统文人雅士的饮茶习俗中表现得尤为突出。饮茶是一种修身养性的艺术，也是无可比拟的精神享受。随着饮茶习俗的兴盛，茶馆也成为以饮茶为契机聚会的风雅之地，由此而产生的茶馆文化至今影响着中国人的日常生活。

茶里乾坤大 壶中日月长

中国是茶的发祥地，是世界上最早发现和饮用茶叶的国家。在浩如烟海的中国古代文化典籍中，有大量专门论述茶叶、茶俗的书籍。

早在神农时期，茶及其药用价值已被发现，《神农尝百草》中写到『神农尝百草，日遇七十二毒，得茶而解之』。然而，茶由药用慢慢演化和发展成为日常饮料，中间又经历了食用阶段的过渡。《膳夫经手录》提出『茶古不闻食之，近晋宋以降，吴人采其叶煮，是为茗粥。』以茶当菜，煮作羹饮，茶叶煮熟后与饭菜调和一起食用。秦汉时期，茶叶的简单加工制作已经开始出现，加上葱姜和橘子调味的茶团也成为待客之食品。

魏晋南北朝时，茶叶及饮茶习俗已有较大发展。玄学家崇尚清谈高雅，茶叶清香淡雅有助清谈之性，故饮茶得到玄学家的推崇。在佛家看来，饮茶是禅定入静的必备之物，禅宗借助饮茶推行它的思想，士大夫则通过饮茶接近禅境。茶的文化、社会功能已远远超出了它的自然饮用功能。

唐代，茶叶的种植已十分普遍，朝野上下、寺观僧道，饮茶之风盛极一时。以饮茶为契机的聚合，成为唐代文苑的风雅之事。中唐以来，文士之间茶文化活动的另一个重要形式是茶会、茶宴。晚唐时期，宫廷开始兴清明茶宴。此外，论茶的专著已经出现。唐代陆羽（七三三—八零四年）的《茶经》成书于八世纪，是中国古代最早也是最完备的一部关于茶的著作。《茶经》是中国茶文化发展到一定阶段的重要标志，也是关于茶俗经验的时代总结。此时，人们对茶

和水的选择、烹饪方式以及饮茶环境也越来越讲究，逐渐形成了茶道。北宋陈师道（一零五三－一一零二年）认为『茶之艺』乃下，为末，而德为本。中国古代有『茶道』一词，而不称『茶艺』。崇尚幽静，追求自然、淡泊和精行俭德，成为中国人赋予茶的特性，体现了中国文化重道不重器的文化精神。宋代，制茶方法也出现改变，给饮茶方式带来了深远影响。随着茶品的日益丰富和品茶的考究，人们逐渐重视茶叶原有的色香味，调味品逐渐减少。制茶工艺革新，茶叶生产由团饼趋向以散茶为主，烹饮程序逐渐简化，传统的饮茶习惯，由宋开始，而至明清，出现了巨大变革。

纵观饮茶风气的演变，尽管千姿百态，但是若以茶与佐料、饮茶环境等为基点，则当今茶之饮主要可区分为几种：一种是讲究清雅怡和的饮茶习俗，顺乎自然，清饮雅尝，寻求茶之原味，重在意境，与中国古老的『清净』思想相吻合；另一种是讲求兼有佐料风味的饮茶习俗，如奶茶、盐巴茶、柠檬红茶等；还有一种是讲求多种享受的饮茶习俗，品茶外，还备以点心，伴以歌舞、音乐、书画、戏曲等，特别是茶馆最为代表。

风情各异的茶馆文化

随着茶叶和饮茶习俗的兴盛，茶馆在民间作为一种以饮为中心的综合性群众活动场所，应运而生。对茶钟爱有加的中国人，在饮茶中极重情外，还讲究一个趣字。如果说文人雅士的『茶道』侧重于精神的享受，普通民众在茶馆的饮茶活动则形成了不同地方别具一格的茶趣与茶俗。

茶馆的雏形出现在晋元帝（二七六－三二三年）时，唐代开始萌芽，时称茶肆、茶坊、茶楼、茶邸。唐代长安外郭城有茶肆，城外有茶坊。此外，民间还有茶亭、茶棚、茶房、茶轩和茶社等设施，供众人饮茶之用。茶馆中，卖茶者烧制的陆羽像放在煎茶的炉灶上和茶具间，奉陆羽为茶神。唐代茶馆尚未普遍，与旅店、饭店相结合，未完全独立。宋代，茶馆便形成一定规模，并日益兴盛。明清之际，茶馆终成时尚。

俗话说，北京衙门多、上海洋行多、广州店铺多，成都茶馆多。成都的茶馆在中国是非常有地方特色的。成都的茶馆及其文化在中外声名远扬并成为其传统的一部分。成都人也为自己的茶馆文化而自豪，甚至认为只有自己才配称『茶客』。四川茶馆的茶具和家具别具一格。茶具一般是由茶碗、茶盖和茶船（即茶托或茶盘）组成的『盖碗茶』三件头。桌椅也具有地方特色，一般是小木桌和有扶手的竹椅。堂倌或称『么师』，更有人冠称其为『茶博士』。堂倌是成都茶馆的灵魂，他们的掺茶技术最为人们称道。堂倌一手提紫金茶壶，于数尺之外，水柱凌空而降，如银蛇飞入碗中，翻腾有声，须臾之间，戛然而止，茶水恰与碗口平，整个过程一气呵成，令人瞠目结舌，既是一门绝活，又是艺术享受。

老北京的茶馆曾遍及京城内外，各种茶馆又有不同的形式与功能。评书茶馆内，评书先生精湛的口才技艺，不仅提供了娱乐，而且潜移默化地将历史故事中所蕴含的仁、义、礼、智、信等中华传统美德传承给普通民众。还有一类清茶馆，人们在茶馆里议论时事、交流新闻，茶馆文化是名副其实的大众文化。最有趣的是野茶馆，在北京西北的山泉旁，文人雅士结

庐而坐，既为风景清丽，也为好水品茗。啜一杯香茶，看池中菱芾、西山落日，听古刹钟声、乡间鸡鸣，自然纯朴，更接近茶道本色。

中国近现代著名作家老舍（一八九九—一九六六年），精通茶文化，创作了经典话剧《茶馆》。茶馆使各色人物、各个社会阶层和各类社会活动聚合在一起，老舍以茶馆为载体，以小见大，反映社会变革。《茶馆》的艺术价值在于通过一个茶馆不仅反映了一段历史时期的社会变革，而且反映了社会变革对于茶馆经济和茶馆文化的影响。

如今，茶馆同人们的日常生活有着十分密切的联系，茶馆文化也更加丰富。茶馆已成为人文休闲的极佳场所，有朋自远方来，飨以功夫茶，一股殊香扑鼻而来，表现了中国人独有的敬重客人的生活艺术。

中国人不可一日无茶，既有晨曦降临之际便饮早茶的广东人、一天三茶的杭州人，遍地是茶馆的成都人、喝大碗茶的北京人、酒楼饮茶的香港人，也有以茶代酒的台湾人。中国人的茶道功夫和茶文化，已经成为一种共通的亲近自然、崇尚淡泊的人生哲学。中国传统文化中的茶文化，随茶香风靡世界。

茶香风靡世界

中国的茶叶早在汉代就传入日本，唐宋时期，随着交流的广泛与加深，日本饮茶之风日盛。唐顺宗永贞元年（八零五年），日本最澄禅师从中国研究佛法回国，将带回的茶种种在近江（滋贺县），并在日本大面积栽培。宋代日本荣西禅师到中国学习佛经，归国后根据中国饮茶方法著《吃茶养生记》一书，被称为日本第一部茶书。书中称茶是『圣药』『万灵长寿剂』，对推动日本社会饮茶风尚的发展起了重要作用。

十五世纪初，日本高僧村田珠光结合茶会，创立了日本独特的茶道。其实，中国『茶道』传入日本后，变成了表演性和技术性的『茶艺』，而失去了中国文化特色的强调形而上的『茶道』精神。明代，茶叶成为重要的出口商品。郑和（一三七一—一四三三年）下西洋，所到之处遍及东南亚、阿拉伯半岛，直达非洲东海岸，加强了与这些地区的经济联系与贸易，使茶叶输出量大量增加。

明神宗万历三十五年（一六零七年），荷兰海船自爪哇来澳门贩茶转运欧洲，这是中国茶叶直销欧洲的最早记录。茶叶成为荷兰贵族最时髦的奢侈品饮料。由于荷兰人的宣传和影响，加之西欧各国皇室的提倡及欣赏，至十八世纪，饮茶之风迅速风靡英法等欧洲国家。

在英国，最初将茶作为饮料引进的是伦敦一家名为托马斯·加韦的咖啡店，店主人于十七世纪五十年代用招贴宣传中国茶。英国人多以喝红茶为主，汤色红艳、滋味浓烈。茶汤中再加入牛奶和方糖，风味醇和、甘美，令人回味无穷。

如今，在英国喝午后茶已成为一种风气，也不失为一种雅致闲逸的人生享受。在剑桥大学，学者们一边品茶，一边进行学术交流，这种聚会和交流方式称为『剑桥精神』。美国人在饮茶上既不像日本人那样雅静精致，又不同于英国人的绅士风度。美国人饮茶形式多样，以饮红茶为主，杂以绿茶、花茶、乌龙等。在纽约唐人街的『天仁茗茶』，绿叶缤纷、洁

净雅致的店面，常吸引许多人驻足。当然，叹茶成风的土耳其、伊斯兰风情的茶室、德国人独具特色的冲茶习惯也值得一提，在各国独特饮茶风俗中，悠悠茶韵里，流溢出人们舒缓和谐的生活节奏。

地方名茶 妙趣横生

中国茶有红、绿、青、黄、白、黑六大类两千多个花色品种，外形千姿百态，香气各具特色，滋味风格迥异。每到新茗飘香的时节，那美如碧玉的颜色，沁人心脾的清香，千姿百态的茶形，使人赏心悦目。西湖龙井、黄山毛峰、庐山云雾、洞庭碧螺春，峰奇山秀、湖丽茶香，充满诗情画意，优雅的茶名饶有意趣，使人未饮先醉。

色香味俱佳的龙井茶

龙井，属炒青绿茶，其叶扁，形如雀舌，光滑、色脆、整齐，其汤色明亮，滋味甘美，并向以『色绿、香郁、味醇、形美』四绝著称于世。龙井茶有狮峰、龙井、五云山和虎跑山四个不同产地，尤以『龙井』品质最佳。

龙井产茶唐代就有记载，宋代已经闻名。苏东坡（一零三七－一一零一年）品茗诗中『白云山下雨旗新』形容了龙井茶冲泡后叶似彩旗、芽形若枪的特点，因此又称『旗枪』。清代，龙井茶尤为清乾隆皇帝（一七一一－一七九九年）所赞誉，有『黄金芽』『无双品』之称。相传，乾隆皇帝来到狮峰山下胡公庙，一时兴起采起茶来，正在此时，宫中传来皇太后生病的消息。乾隆皇帝急切中将茶芽放入袖中，随即回京。母子在一起的时候，太后闻到一阵清香，一问才知是龙井茶芽。皇帝忙命宫女泡茶，献给太后。太后饮茶后觉得清冽宜人，连饮几日，神清气爽，身心舒泰，连连称道此茶是灵丹妙药。于是，清乾隆皇帝下旨封西湖狮峰山下胡公庙前的十八颗茶树为御茶树，年年精心采制进贡宫中。御茶树即由此而来。如今，这十八棵茶树仍以其悠久的历史及传奇色彩吸引着来杭州观光的国内外游客，成为杭州西子湖畔的著名景观。

所谓，好茶还需好水泡，虎跑水中的有机氮化物含量较多，而可溶性的矿物质较少，因而更有利于龙井茶香气、滋味的发挥。『龙井茶』『虎跑水』并称为杭州双绝。

『吓煞人香』的碧螺春

碧螺春是绿茶中的名品，色泽银绿、翠碧诱人，卷曲成螺，又因初采地在碧螺峰，采制时间在春天而得名。民间还有传说，西洞庭山上一位名叫碧螺的美丽、善良的姑娘与一个小伙子相恋，小伙子为了保护洞庭山人民而与湖妖作战，身负重伤。姑娘用一种神奇的茶叶救活了心上人，而自己却因劳累而牺牲。为了纪念碧螺姑娘，人们就把这种名贵的茶叶取名为『碧螺春』。

碧螺春炒制的工艺要求高，需要做到『干而不焦，脆而不碎，青而不腥，细而不断』。高级的碧螺春一斤干茶需要茶芽六万至七万个，足见茶芽之细嫩。炒成后的干茶色泽碧绿、外形紧细、白毫显露。冲泡后，茶汤碧绿清澈、叶底嫩绿明亮、香气浓郁、滋味醇和。碧螺春的香气使人迷恋和陶醉，在鲜爽的茶味中有一种甜蜜的果味，百饮不厌。碧螺春有使大脑和心脏兴奋的作用，以及润喉、提神、明目的功效，是国内著名的高级礼品茶。

『云蒸霞蔚』的黄山毛峰

黄山毛峰是绿茶中的珍品，因地近黄山而得名。据《徽州府志》记载，黄山毛峰在三百年前就已著名。清光绪年间，黄山特级毛峰茶试制成功，更加蜚声全国。黄山毛峰茶外形美观，状如雀舌，香如白兰，味醇回甘。冲泡后，雾气结顶，清香四溢。茶叶轻如蝉翼，嫩似莲须，茶汁清澈，香气持久，犹若兰蕙，醇厚爽口，回味甘甜。茶凉之后，香味犹存，故人称『幸有冷香』。特级毛峰一般都在清明和谷雨间采摘，制作十分精细。

『音韵』留甘的铁观音

铁观音茶即以铁观音品种茶树制成的乌龙茶，产于闽南安溪县内，成品茶外形头似蜻蜓，尾似蝌蚪，绿叶镶红边，是乌龙茶之上品。安溪铁观音制作工艺十分复杂，要经过凉青、

晒青、摇捻、初焙、复焙、复包揉、文火慢烤、捡簸等工序，制成的茶叶条索紧结，色泽乌润砂绿。铁观音的品饮，目前在福建泉州、漳州以及厦门、潮汕一带和台湾，仍沿袭传统功夫茶品饮方式。陶壶置茶、冲以沸水，先闻香，后尝味，顿觉满口生香，回味无穷。近年来，发现乌龙茶有健身美容的功效后，铁观音更风靡日本和东南亚。

『壶中美玉浆，佳品妙真香。』呷茶入口，茶汤在口中回旋，顿觉口鼻生香。毛峰的鲜醇爽口、碧螺春的清和鲜甜、云雾的香馨醇厚、龙井的香郁味甘，一切尽在不言中。

赏宴饮礼仪风雅

中国酿酒的历史渊源久远，最初见于商、周时期的史籍，距今已有三千年的历史。在几千年漫长岁月发酵中，中国传统酒的演变经历了复杂的变革，工艺更纯熟，技艺更精湛，酒亦更醇香醉人。在飘满酒香的历史长河中，从第一缕醇香到水村山郭酒旗风，其间有当垆典故、贵妃醉酒、饮中八仙……关于美酒有说不完的英雄豪情、酒戏人生。

古猿醉处探酒源　酒风初起写春秋

一千五百万年前，淮河岸边的洪泽湖畔，天近傍晚，一群体格健壮的古猿，在一棵大树树洞处嗅到一种味道香甜、香气溢发的神奇果液。俯身饮食后，古猿飘飘欲仙，醉卧于地。岁月飞逝，在一九五三年的考古发掘中，这些古猿化石重见天日，之后又发现了浸透到古猿骨骼里的美酒的痕迹。江苏淮阴洪泽湖畔下草湾发现的醉猿化石，是最久远的关于酒源的记载，也证明了天然果酒在『人猿相揖别』之前就已产生。

新石器时代是酿酒的萌芽期，人类开始有了比较充裕的粮食，又有了制作精细的陶制器皿，用发酵的谷物来泡制水酒，迈出了人类酿酒的第一步。公元前二八零零年到前二三零零年的中国龙山文化遗址出土的陶器中，有不少尊、高脚杯、小壶等酒器，可见酿酒在当时已进入盛行期。

夏商周时期，为中国传统酒的成长期。酒曲发明，酿酒技术有了显著提高，醴、酒等品种也相继产出。仪狄（生卒年待考）、杜康（生卒年待考）等酿酒创造为中国传统酒的发展奠定了坚实的基础。晋代江统（？—三一零年）在《酒诰》中记载：『酒之所兴，肇自上皇，或云仪狄，又曰杜康。有饭不尽，委之空桑，郁积成味，久蓄气芳，本出于此，不由奇方。』自上古三皇五帝的时候，就有各种各样的造酒方法流行于民间，而正是仪狄将这些造酒的方法进行归纳总结，使之流传于后世。而『杜康造酒』的传说，在曹操（一五五—二二零年）『何以解忧，唯有杜康』的咏唱中，广为流传。自此以后，杜康的名字家喻户晓，被

奉为酒之祖。

春秋战国时期，酒风较西周前期要兴盛许多。这时期，各国涉及军事、政治与酒有关的故事频频发生。秦穆公（？—前六二一年）是战国时期一位胸怀宽广、心系天下的政治家。一次，穆公的两匹爱驹被岐山下务农的奴隶盗去后宰杀。当他率人赶去岐山时，三百多名奴隶正热热闹闹地围坐在一起煮食马肉。随同前来的将士见状要将奴隶抓走治罪，被秦穆公拦下，说：『君子不能爱惜自己的财产而去伤害别人，我听说吃马肉不喝酒会伤害身体，所以很为他们担心。』于是，让人赐酒给盗马的奴隶。盗马的奴隶为秦穆公的仁德大为感动。后来，秦军与晋军作战被围困，危急时刻，岐山的奴隶突然赶到，拼死将穆公救出，报答了他的恩情。

此外，关于酒最具代表性的还有『鲁酒薄而邯郸围』、『晏婴（？—前五零零年）巧谏废宴』及『楚庄王（？—前五九一年）觥筹绝缨饮』等历史典故。春秋战国的历史，也因此沾上了淡淡的酒味。

刀光剑影鸿门宴 青梅煮酒论英雄

在飘满酒香的历史长河中，名噪一时的宴饮，谱写了千年醉歌，酒樽里有醉卧沙场君莫笑的壮烈，有曲水流觞的闲逸，有贵妃醉酒的哀怨，有剑影交织的鸿门酒宴，觥筹交错间，或庄严肃穆、或喜庆祥和、亦或暗藏杀机，步步为营。

公元前二零六年，正值秦末混战，一时间英雄豪杰辈出，其间涌现出两支抗秦军的领袖项羽（前二三二—前二零二年）及刘邦（前二五六—前一九五年）。

刘邦从沛县起兵后，一路征战，率兵十万首先攻入秦都咸阳。刚刚带兵大胜秦军主力的项羽，闻此讯大惊，怀疑刘邦有称霸的野心，决定设宴趁机消灭刘邦。刘邦带部下来到鸿门赴宴，亲自为自己辩解并向项羽谢罪。席间，项羽部下项庄（生卒年不详）舞剑助兴，剑剑直逼刘邦，情势危急。刘邦部下樊哙（前二四二—前一八九年）持剑闯入宴席护主，之后刘邦以喝醉为由离开宴席，回到军营。

鸿门宴后不久，刘邦同项羽进行了争霸的决战，最终击败项羽，建立起了西汉王朝。后来，『鸿门宴』一词，便寓意暗藏杀机的宴会。这场宴会反映了汉高祖刘邦圆滑机警，能言善辩，多谋善断，能屈能伸的政治谋略能力。

另一场历史名宴『青梅煮酒』，最早出自陈寿（二三三—二九七年）的《三国志·蜀志·先主传》，也是《三国演义》里最为精彩的内容之一。

当时，刘备（一六一—二二三年）占据的徐州失守后，暂时无处安身，便归附曹操。刘备每日在府邸里种菜，韬光养晦。曹操何等人物，遍识天下英雄，当然对刘备有很透彻的了解。他自然也知道，一旦羽翼丰满，刘备将是一位非常可怕的对手。于是，曹操在青梅亭设下酒局宴请刘备，暗暗进行政治试探。席间，两人举杯对饮，谈古论今。曹操说道：『夫英雄者，胸怀大志，腹有良谋，有包藏宇宙之机，吞吐天地之志者也。』刘备装傻，问：『谁能当之？』曹操指了指刘备，后指了下自己，说：『今天下英雄，惟使君与操耳！』当时

天雨将至，雷声大作。刘备装作受了惊吓的样子，筷子掉到了地上：『一震之威，乃至于此。』曹操笑着说：『丈夫亦畏雷乎？』刘备说：『圣人迅雷风烈必变，安得不畏？』将内心的惊惶，巧妙地掩饰过去了。此次酒局堪称双龙聚会。从曹操的『说破英雄惊煞人』到刘备『随机应变信如神』，可谓步步玄机。

曹操的睥睨群雄之态，雄霸天下之志表露无疑。而刘备随机应变，进退自如，也表现出了一世豪杰所应有的技巧和城府。曹操、刘备二人此次双龙会，足以在古代十大酒局中名列三甲。

饮中八仙醉盛唐　诗酒唱和挥豪情

『饮中八仙』，指的是唐朝八位嗜酒如命的名士，八位酒仙是同时代的人，又都在长安生活过，在嗜酒、豪放、旷达这些方面彼此相似。著名诗人杜甫（七一二—七七零年）饶有趣味地为他们写了一首《饮中八仙歌》：

『知章骑马似乘船，眼花落井水底眠。汝阳三斗始朝天，道逢麴车口流涎，恨不移封向酒泉。左相日兴费万钱，饮如长鲸吸百川，衔杯乐圣称世贤。宗之潇洒美少年，举觞白眼望青天，皎如玉树临风前。苏晋长斋绣佛前，醉中往往爱逃禅。李白一斗诗百篇，长安市上酒家眠。天子呼来不上船，自称臣是酒中仙。张旭三杯草圣传，脱帽露顶王公前，挥毫落纸如云烟。焦遂五斗方卓然，高谈雄辩惊四筵。』

杜甫以洗炼的语言，人物速写的笔法，将他们写进一首诗里，构成一幅栩栩如生的醉酒图。《八仙歌》的情调幽默谐谑，色彩明丽，旋律轻快，情绪欢乐。八仙中每个人物自成一章，八个人物主次分明，依次写了三品大员贺知章（六五九—七四四年）、汝阳郡王李王进、左丞相李适之（六九四—七四七年）、吏部尚书崔宗之、信奉佛教的苏晋（六七六—七三四年）、诗仙李白（七零一—七六二年）、书法家张旭（六七五—约七五零年）和名流焦遂。一一数来，每个人都是响当当的大人物，也因酒成就了豪爽的性情。

唐代关于酒的诗总数有七千七百多首，占唐诗总数的百分之十四还多。著名诗人王之涣（六八八—七四二年）、陈子昂（六六一—七零二年）、孟浩然（六八九—七九零年）、白居易（七七二—八四六年）等都曾与酒结缘，他们的作品脍炙人口、传为佳话。

醉翁之意不在酒　东坡词中品醇香

欧阳修（一零零七—一零七二年）为北宋名士，却自号『醉翁』，有一篇脍炙人口的名篇——《醉翁亭记》，描写了醉翁亭欢饮的情景，其中『醉翁之意不在酒』流传甚广。欧阳修曾修建一座用来宴饮的平山堂，每到夏季来临，便让人采来带露的荷花，然后邀友人相聚堂前，击鼓传花，荷花传到谁手，谁便饮酒一杯，直喝到月上柳梢头方才尽兴。

唐宋八大家之一的苏东坡也好饮酒，不仅精于饮，还会酿酒，并撰写了酿酒专著《酒经》。东坡居士的诗词作品自然就不可避免地带有酒的味道：『花间置酒清香发，争挽长条落香

雪』『东堂醉卧呼不起，啼鸟落花春寂寂』。细细品味这些诗句，不难品出酒的醇香。著名学者林语堂评价苏东坡『比中国其他的诗人更具有多面性天才的丰富感、变化感和幽默感』。谁能否定这些灵感不是来自酒中？

宴饮酣时酒戏奇　轻歌妙舞世间无

综观历代宴饮类型，大致有四类：其一是各民族的民间家庭宴饮，主宾尽情尽兴，亲朋睦邻，增进感情。其二是文人雅士间的社交『文酒宴饮』，如登高宴、游船宴、曲水流觞宴、曲江宴、赏花宴等等，宴饮形式清新高雅，饮酒赋诗、风流倜傥，其意义主要在于切磋学问、比试文采。其三是官宦士大夫阶层的宴饮，如进献给皇帝的『烧尾宴』『祝寿宴』，以及官宦士大夫之间的宴饮。其四是朝廷赐宴和因各种国事举办的官宴，这类宴会规模宏大，礼仪繁缛。

酒与礼密不可分是中国酒文化的重要特点之一。在西周时期就有了射礼，为宴饮而设的称为『燕射』，即通过射箭决定胜负，负者罚酒。古人还有一种由射礼演变而来，被称为『投壶』的一种饮酒习俗。酒宴上设一壶，宾客依次将箭向壶内投去，以投入壶内多者为胜，负者受罚饮酒。

酒令也是中国人在宴饮时助兴的一种饮酒游戏，最早起源于西周，完备于隋唐。酒令分雅令和通令，雅令主要在文人、士大夫之间流行。雅令的行令方法是，先推一人为令官，或

出词句，或出对子，其他人按首令之意续令。行雅令时，必须引经据典，分韵联吟，即席应对。同龄的方式主要是掷骰子、抽签、划拳、猜数等。酒令就像催化剂，顿时使酒席上的气氛活跃起来。中国民间酒令，内容丰富，诙谐幽默，异彩纷呈，是博大精深的中国酒文化的生动反映。

名酒佳酿

数千年来，中国的酿酒传统在历史的变迁中分支分流，酿造出了许多具有地方特色的『酒海奇珍』。其中，贵州茅台、陕西西凤、山西汾酒、四川泸州老窖特曲被评为中国『最古老的四大名酒』，驰名中外。

『酒香不怕巷子深』的泸州老窖

俗话说『酒香不怕巷子深』，这句话的来历与泸州老窖密切相关。四川泸州南城的营沟头，在明清时代有一条很深很长的巷子，让这条小巷出名的不是街上的店铺，而是巷子附近的八家酒坊。一五七三年所建的舒家作坊便是泸州老窖的前身。

酒巷尽头的『舒聚源』吸纳了泸州当地的酿酒技巧，前期以酒培植窖泥，后期以窖泥养酒，微生物通过酒糟层层窜入酒体，因而酒味芬芳醇厚，清冽甘爽。清代诗人曾赋诗：『城下

人家水上城，酒旗红处一江明。衔杯却爱泸州好，十指寒香给客橙。』

一九一五年，在美国举办的第一届『太平洋万国博览会』上，泸州老窖特曲获金质奖章和奖状。目前，泸州老窖仍采用传统的结构特殊的窖池混蒸连续发酵工艺，经过细致的品尝和勾兑后成酒，泸州老窖堪称名副其实的『老窖』。

如今，那条弯弯的酒巷已淡出历史舞台，但四口明代老窖池和『酒香不怕巷子深』的故事依然伴着泸州老窖的酒香，在世界各地流传。

传奇夺冠的『国酒』贵州茅台

茅台酒产于中国西南贵州省仁怀市茅台镇，同英国苏格兰威士忌和法国柯涅克白兰地并称为『世界三大名酒』。早在公元前一三五年，茅台古镇就酿制出了被汉武帝赞为『甘美之』的枸酱酒。北宋时，茅台镇生产优质大曲酒，载入《酒名记》。清人曾用『集灵泉于一身，汇秀水东下』来赞美赤水河，而茅台酒『酒冠黔人国』也与当地优良的水质有关。

解放前，生产茅台酒的主要有三家酒坊，分别称为『华茅』『王茅』和『赖茅』，其中『华茅』就是现在茅台酒的前身。一九一五年巴拿马万国博览会上，茅台酒（华茅）参展夺冠，也充满了传奇色彩。博览会上，奇珍异品琳琅满目，美不胜收，而中国的茅台酒装在传统的深褐色陶罐中，没有引起注意。中国参赛官员灵机一动将酒瓶打碎，随着『砰』的一声，股股浓郁诱人的酒香扑鼻而来。各国代表纷纷争向中国订购茅台酒，茅台酒也直接由高级评审委员会授予荣誉勋章金奖，自此得以扬名世界。

一瓶茅台酒从采曲、下料到发酵、蒸煮等复杂工艺，经过五年，最后酿成。茅台酒素以色清透明、醇香馥郁、入口柔绵、清冽甘爽、回香持久等特点而名闻天下，是中国酱香型白酒的典范，因此被称为中国的『国酒』。

『开坛香十里』陕西西凤酒

陕西人爱饮酒，陕西也有丰富的酿酒原料和澄澈甘美的水质。中国最古老的历史文化名酒之一西凤酒，便产于陕西省凤翔县。西凤酒酿始于殷商，盛于唐宋，距今已有三千年历史。凤翔古称雍，为炎黄文化和周秦文化发祥地和中国著名酒乡，文化积淀十分丰厚。《史记·秦本纪》记载秦穆公代晋获胜后投酒于河以劳师的典故就发生在这里。这里自古盛产美酒，唯以柳林镇所产之酒为上乘。至今，民间仍流传着『东湖柳、西凤酒』的佳话。唐贞观年间，西凤酒就有『开坛香十里，隔壁醉三家』的美誉。到了明代，凤翔境内『烧坊遍地，满城飘香』，酿酒业大振，过境路人常常『知味停车，闻香下马』，以品尝西凤酒为乐事。

经过千百年的发展，随着酿酒技术的进步，现今西凤酒集清香型与浓香型于一体，其味酸而不涩，甜而不腻，苦而不粘，辣不刺喉，香不刺鼻，被赞为五绝，曾多次被评为国家名酒。

文化名酒『杏花村汾酒』

《汾阳县志》记载：『汾酿以出自杏花村者最佳。』从汾阳地区出土的酒器、酒具来考证，汾酒有着四千年左右的悠久历史。南北朝时期，汾清酒作为宫廷御酒受到北齐武成帝的极力推崇，被载入廿四史。晚唐时期，大诗人杜牧一首《清明》诗吟『借问酒家何处有？牧童遥指杏花村』，使杏花村汾酒成为中国第一文化名酒。

一九一五年，汾酒在巴拿马万国博览会上荣获甲等金质大奖章，为国争光，成为中国酿酒行业的佼佼者。汾酒之所以成为千年名酒，与它特殊的酿造工艺、优质选料和取古井、深井优质水来酿酒有关。

现在，杏花村酿酒的古井仍然还在，井旁墙壁上保留着明末清初学者傅山题写的字匾『得造花香』。井边有一座石碑，上刻《申明亭酒泉记》，赞美古井井水『其味如醴，河东桑落不足比其甘馨，禄俗梨春不足芳其清洌。』

随着特色酿造和酒肆行业的发展，神州大地醇香四溢，逐渐形成了北酒体系和南酒阵营，美酒荟萃、酒奇天下。

话岁时节庆风俗

中国岁时文化是华夏民族集体性的社会记忆，也是历史与现实紧密相连的文化记忆。岁时文化凝聚了民族的情感和精神动力，融入到中国人的生活习俗中，构成了中华文化中最独特及最具生活化的重要组成部分。中国人在仰观天文、俯察地理的生命乐趣中，创制的岁时历法与节庆礼俗不断延续，其中蕴含的文化精神传承至今。

岁时记忆的人文溯源

远古先民的岁时信仰与古代原始宗教意识紧密关联，时间的分界点往往以祭祀活动来分隔。『岁』虽然建基于农事节奏，但其外在突出表现是祭祀活动的周期性。定期的祭祀活动是人们年度生活的主要节奏，人们以祭祀为周期，作为时间的分界，如『岁时伏腊』、『岁时祭祀』等。从人们对岁时的认识到岁时的活动，岁时处处弥漫着神秘的巫傩气息。先秦至西汉前期，岁时信仰主要表现在对天神信仰的泛化，人们对祖先神关注较少。

西汉中期，汉武帝独尊儒术，儒家孝亲伦理思想逐渐成为居社会主导地位的意识形态。岁时信仰在走向世俗化的必然过程中，也逐渐由自然伦理转向人世伦理，人神崇拜与人祖纪念也逐渐成为岁时信仰的核心。汉代中期以后，随着社会变化，传统的岁时月令体制逐渐向世俗的岁时节日体系过渡。

到东汉魏晋时期，影响中国两千年的岁时节日体系基本形成，既顺应了天时，也尊重了人文意识。中国文化根深蒂固的『天时、地利、人和』的传统思想，成为传统节庆的重要理念，节庆意义也朝着社会人文的方向不断转化。

节庆文化的精神延续

在中国，岁时节庆与人生的日常生活关系最为密切，它也是生活与文化的最完美结合。人

们从未忘却或放弃使用与公历并存的岁时历——农历。春节、端午、中秋、重阳……这些节日也未曾离开中国人的家庭，依然以亲人情、近人性的旺盛生命力活跃在日常生活之中。

千门万户曈曈日 总把新桃换旧符

过年是全世界许多民族都有的习俗，除夕辞岁与元旦开正，都会举行各式各样的庆祝仪式。中国人过年更为喜庆、热闹。最早的一本岁时记《荆楚岁时记》中记载，正月初一早上，鸡鸣时全家都起床，先燃放爆竹，以辟山臊恶鬼。然后，大家换上新衣，相互拜年，并且喝椒柏酒、饮桃汤或屠苏酒、吃麦芽糖以为庆祝。这段记载与现代人过春节放鞭炮、穿新衣、贺年、吃年夜饭的情况很相似。

所谓爆竹声中一岁除，从除夕到十五，街巷连绵不绝的鞭炮声象征着新春的吉庆与祥和。古人相信巨大的声响可以驱走恶鬼邪灵，因而用火来烧竹子，竹节中的空气遇热膨胀，终而爆裂发出巨响，故称之为『爆竹』。火药发明以后，有人用纸卷火药，并用引线连成长串，声响不绝，称之为『鞭炮』。宋朝时，已经有用『火树银花』来形容过年时夜间放焰火的情景。随着科技的进步，爆竹越做越精巧，花色也繁多，声响烟火俱全，并出现了爆竹形状的吉祥饰物，成了新年的年饰，为春节增添了喜气。

贴春联更是新年中不可缺少的，春联的雏形是桃符，桃木在民间传统习俗中是辟邪器物。《本草纲目》中记载：『桃乃西方之木，五木之精，仙木也，味辛气恶，故能压伏邪气，制百

鬼。』汉代有挂桃木印于门户上的习俗，六朝时，有人把门神画在桃木板上，称之为桃符。五代后蜀有『题桃符』的记载，是春联的雏形。春联受到重视始自明太祖，他认为桃符驱灾而春联迎福，除了在宫殿大门题『日月光天德，山河壮帝居』，也命群臣都要贴春联，这一举动逐渐流传为春节习俗。春联不仅光大了汉字和书法艺术，而且使诗性在民间落下根基。

除了爆竹和春联，寓意『年年高升』的年糕、『招财进宝』的水饺、『岁岁平安』的岁菜都寄予了人们对新年的期盼。春节一到，即使是羁旅他乡的游子，也要回家吃一顿吉祥寓意的合家年夜饭。

花市灯如昼 狂欢闹元宵

元宵，是岁首的第一个月圆之夜。『一年明月打头圆』，所以正月十五元宵节也称『上元节』。从汉朝起，就有正月十五夜不禁宵的传统，以花灯照明。唐朝以后，花灯种类繁多、千变万化，成为元宵节的一道风景线。元宵之热闹，除了花灯如昼，猜灯谜活动引人驻足以外，更壮观的是舞龙舞狮的场面。元宵这一天，舞龙是最能表达心性的文化娱乐，黄龙、青龙此起彼伏，中间还有舞狮、元宵锣鼓、太平歌舞等，热闹非凡，将节庆的气氛和色彩烘托得淋漓尽致。中国人是龙的传人，舞龙的美景构成了中国传统节庆的独特景观。元宵节，也成为中国人一年中彻夜娱乐的狂欢节。

元宵佳节，家家户户都要煮食元宵。元宵也叫『圆子』『团子』，因煮熟后浮在汤面上，故称『汤圆』。吃元宵是取『团』『圆』之音，寓意团团圆圆。元宵节食汤圆的食俗，是从宋代开始的。宋代周必大有《元宵煮食浮圆子》一诗，记载了这一时令风尚。元宵节流传至今，不同地区，元宵节饮食习俗不尽相同，各有千秋，不变的是节日所传达的团圆喜乐的美好愿望。

晴风吹柳絮　新火起厨烟

清明是战国时期制定的节气，《淮南子·天文训》记载『春分后十五日，北斗星柄指向乙位，则清明风至。』清明节气由此得名。宋代开始有了清明扫墓的传统。传承至今的民俗节日，惟有清明是节气兼节日两功能并存的，清明在中国岁时体系中有着独特的地位。

唐代时，已将清明与寒食的功能并举。寒食禁火、冷食、祭墓，清明取新火、踏青出游，二者一阴一阳，一息一声，有着密切的调节关系。禁火是为了取火，祭亡意在佑生，这是清明兼并寒食的内在文化依据。清明时节的户外运动，踏青、蹴鞠、秋千、拔河、放风筝，有着原始养生意义，顺应时气，有助于人们主动在季节交替的自然中适应气候。

插柳和戴柳是清明习尚中的一景。柳树得春气之先，最先吐绿，其易栽易活的生长特性，在古人看来不是普通林木，而且自古就有驱邪避妖的说法。《齐民要术》记载『取柳枝著户上，百鬼不入家』之说，是『三月清明门插柳』的文化渊源。

裹粽投江　龙舟竞渡

农历五月初五，是中国传统的端午节。端午节被各地民众称为『龙舟节』『诗人节』『粽子节』等，从各种名称中可以感受到节日的风俗与生命活力。

端午节最早的习俗，可追溯到夏朝，《夏小正》『五月』中有『蓄兰』，是在炎夏沐浴兰汤以祛疫避瘟。围绕着端午节有一系列辟邪禳祸、祛瘟疫的习俗，如佩彩丝、悬艾叶、插蒲剑、印天师符、贴五毒符、挂钟馗等等流传至今。

端午节吃粽子，是最有代表性的节令食俗。端午食粽的由来，民间最普遍的说法还是与纪念战国时期楚国的爱国诗人屈原有关。相传，屈原因政治黑暗、国家衰亡而救国抱负无法实现，忧愤至极，于五月五日投汨罗江而死。楚人得知后甚是悲哀，为了避免鱼虾吞噬屈原的身体，人们便以菰叶包米，缠上彩丝，做成粽子，投入江中，以祭屈原，年年如此，从未中断。久而久之，纪念屈原与饭食投江的祭神仪式结合起来，为端午节注入了新的文化内涵，同时使民众有了节日的精神寄托。

端午节赛龙舟也有千百年的历史，在古代不仅仅是祈福求雨、水战演习，『龙舟』赋予竞渡更强大的意志和民族精神。龙舟行事从五月初一就准备，洗龙头、拜祭水仙尊王并由主祭官提笔在龙睛上点睛，此为『开光』。初五清晨祭龙舟，除舞狮献瑞外，还要放鞭炮、掷粽子以祈龙舟下水平安、旗开得胜。午时初刻龙舟下水，两条龙舟竞渡，优先夺旗者获胜。

如今，龙舟竞渡的意义越来越宽泛，人们在欢度节庆中弘扬民族传统文化，体会可亲的节俗物品在传承中的不息生机和乐趣。

迢迢牵牛星　皎皎河汉女

七夕是中国古代的情人节，牛郎织女鹊桥相会，至今仍是民间流传的一个引人遐想的神话传说。在七夕的夜空下，天上人间共同演绎了一个人神交游、千古传唱的爱情经典。

七夕起源于古代历法的天文点，《汉书·律历志》记载『织女之纪，指牵牛之初，以纪日月，故日星纪』。由织女隔着银河与牵牛相望演进到鹊桥相会，使七夕天文现象成为人间的情感向往并承载了人文精神。

牛郎织女的故事在南朝梁人殷芸的《殷芸小说》中首次完整地被记述下来：『天河之东有织女，天帝之子也。年年机杼劳役，织成云锦天衣，容貌不暇整。帝怜其独处，许嫁河西牵牛郎。嫁后遂废织纴。天地怒，责令归河东，许一年一度相会。』

随着世世代代的文化变迁，故事的内容也不断发生着演变，但是七夕的鹊桥相会承载了人们对有情人终成眷属的善良愿望。七月七日成为欣赏天宫欢聚，祈求人间幸福的良辰，更成为女性表达愿望的节庆日。此外，七月七日还是主宰文运的魁星和保佑平安的七娘妈的诞辰，各地都有不同的风俗来欢度节庆。总之，中国人在七夕所表达的心愿，无论是对牛郎织女的鹊桥相会，还是向魁星和妈祖天后的祈福，都是对美好生活的向往，对天地自然的感恩。

海上生明月　天涯共此时

农历八月十五，秋高气爽，丹桂飘香，玉露生凉，月到中秋分外明。中秋明月的特殊天象赋予中国人丰富的想象，中秋团聚也成为这个节日的中心意境。

中秋节俗的渊源总是与时令及日月祭祀有关，在原始宗教礼俗中，日月崇拜作为重要内容。月为『夜明之神』，它与太阳同辉。祭月在上古作为季节祭祀仪式列入皇家祀典。关于月亮的神话传说几经演绎，在唐朝成了仙界的流放地。从嫦娥偷吃不死仙药化为月精到吴刚学仙道有过被贬往月宫伐树，唐人赋予了月宫仙境般的美学情怀。宋代以后出现拜月、赏月的中秋节俗，直到明清，岁时节庆中的世俗情趣日益浓厚。中秋升格为民俗大节和春节、端午并列的中国三大传统节日。

月饼作为正式的节令食品，始于宋，苏东坡有『小饼如嚼月，中有酥与饴』的诗句，道出了月饼的特点。月饼成为中秋特色食品及祭月贡品的风俗大概始于明朝。明人田汝成在《西湖游览志余》中记载：『八月十五谓之中秋，民间以月饼相遗，取团圆之意。』清代，除了一般相互赠送的月饼外，还有特制的祭月月饼，此月饼比日常月饼圆而且大，《燕京岁时记》称：『至供月月饼到处皆有，大者尺余，上绘月宫蟾兔之形。』这种特制的月饼，一般在祭月之后由家族分享，俗称『团圆饼』。

中国月饼种类繁多，因产地不同而风味各异。其中，京式、苏式、广式、潮式等月饼最为著名。近年来，月饼的外形有所突破，已不再是千百年来一直袭用的圆形，增添了花形、

多角形等新花样。

八月十五桂花香，中秋之夜，仰望月中丹桂，饮一杯桂花蜜酒，品一口团圆月饼，合家欢声笑语中，度过美满的中秋佳节。

佳节又重阳 登高祈福寿

重阳佳节也被视为老年人的祈寿节，九月重阳的节俗，如登高、插茱萸、饮菊花酒等等，已成为具有文化意识的生命礼俗，为节日增添了许多趣味。

重阳在汉朝以前尚无记载，只有一种在秋天消除灾祸的仪式。魏晋南北朝时代，登高避祸、饮酒祈福已成为九月九日的主要节俗内容。《魏文帝与钟繇书》中重新阐释九月九日的意义，『九日为阳数，而日月并应，俗嘉其名，以为宜于长久，故以享宴高会』。登高野宴是整个重阳佳节的重要活动，唐代诗人王维登高赋诗：

『独在异乡为异客，每逢佳节倍思亲。遥知兄弟登高处，遍插茱萸少一人。』

既是佳节，古人自有佳品配选，菊花酒、茱萸佩、重阳糕，此谓三大民俗佳品。菊花酒用菊花杂和黍米酿成，九日所酿成的菊花酒在古代被视为延年益寿的长命酒，具有清热解毒、明目祛风、滋阴补肾的药用奇效。重阳酿酒、赏酒的民俗在民间持续传承，在山东临沂、日照等地，还有重阳酿酒的传统。

古代民众习惯在九月九日这一天茱萸『气烈成熟』之际采摘它，可以辟恶气、抵御初寒。

茱萸佩伴随着自然时序为节日发出沁人心脾的清香。

古人总是在岁时节日，向神灵献祭。黍为五谷长，是古代祭祀极品。九月黍谷成熟，人们不忘首先祭享先人，将新收获的黍谷做成糕类，同时实现了分享祭品的愿望。重阳糕犹如社日的社饭，体现着生命力的意境。

世界上不同的民族，在其信仰及生活方式中都保存着自己的节庆习俗，许多极具民族特色的文化遗产成为民族后裔的骄傲。现代人更应该从传统节日中吸取有益于自然生命的成分，借自然时序的更替瞬间，返璞归真，感悟天地之间的生机。

[illegible]

[illegible]

[illegible]

【国学·链接】

[illegible]

[illegible]

[illegible]

[illegible]

[illegible]

[illegible]

[illegible]

[illegible]

章节·叁

笃行弘道 德行天下

方兴未艾的国学热潮引起了人们的普遍关注，成为目前最受瞩目的中国文化现象之一，也引发了海内外知识界的深刻思考和广泛讨论。普通民众也在潜移默化地受到国学的影响，参与到社会文化生活中来。

实际上自二十世纪初『国学』这一概念提出之后，它几乎一直就在学术界的风口浪尖之上，支持者有之，反对者有之，其本身的发展也经历了几度兴盛和沉寂。然而最近一次的国学热潮与之前最大的不同之处，就在于它不仅仅是学术界的思索与研讨，更拓展到社会经济层面与人们的日常生活中，通过大众传媒和无数热爱国学的有志之士不断扩大其影响，产生了巨大的文化效应。一种文化或者文明的真正活力，并不仅仅局限在书斋之内，而是根植于社会生活之中。时下国学在社会生活领域的扩展，为我们提供了另一条认识国学、发展国学的路径。

弘道基金和弘道书院是由学者发起的民间国学团体，其创始者为儒学学者。弘道基金理事和主要参与者也以学者居多，是一个层次较高，由以儒学为共同关注点而所属专业不同的各界学者合力创建的儒学团体。弘道基金旨在为儒家复兴事业筹措资金与物资等资源，所筹资源，悉数用于儒学公益慈善、国民教化、复兴礼乐、学问讲论、培养人才、书刊出版、网站维护、同志救济等事业。

此外，目前的民间国学组织与团体还包括众多民间书院教育机构，如彭城书院、苇杭书院、七宝阁书院、继光书院等，为童蒙教育和传统文化交流作出了重要贡献。高校院团与大学生国学社团组织，也为青年学者提供了接近国学、体认传统文化的良好平台。

国学在经历了二十世纪的曲折之后，在西方文明强势来袭，全球化浪潮汹涌澎湃的今天能够取得如此热烈的关注与讨论，这本身就是一个成功。而这个成功的取得，既与当下的文化现状和人们的文化需求有关，也得益于中华传统文化在世界文明中的独特魅力。

孔子学院的设立和文化交流活动是国学海外传播重要的组成部分。世界各地的孔子学院总体来说前景良好，其深度和广度都在不断拓展。千里之行，始于足下，相信随着孔子学院的不断推广，国学的海外传播也必将如其在国内的发展轨迹一样，从中国走到世界人民的生活之中。

国学不仅是构建和谐社会赖以取资的文化资源，而且是思想理念资源，是当代人不可或缺的精神资源。中国传统文化是连接华人世界的文化之桥、心灵之桥、血脉之桥，在实现祖国统一大业中有着无可替代的作用。中国传统文化博大精深，世界各地的汉学家都在积极研究并加以利用，华夏儿女更应为传承民族文化而笃行弘道、贡献智慧。

经世致用

任何一种学术乃至民族文化，都必须有民族的根基才能持久，能够扩展到民间的文化才是真正能够不断传承和发展的优秀文化。时下，国学热潮的另一瞩目之处就是国学传播由知识界的研讨扩展到普通民众的日常生活。通过现代媒体的传播，国学正走出象牙塔，与人民的生活日益密切、息息相关。

中国式企业文化

与中国传统经营模式相比，西方的企业管理模式在制度上具有很大的优势，这一点毋庸置疑。然而这种西方式的企业管理模式并不是完美无缺的，也存在着一些弊端。中国有着独特的社会和文化环境，如何让现代企业制度适应中国的经济、社会环境并形成中国特色的现代企业管理模式与文化，至关重要。近年来，一些学者和企业家力图从国学中吸取营养来解决这个问题，国学对企业管理模式和企业文化的影响越来越大。

『方太』现象与《孙子兵法》

现阶段，国学的确已经开始应用于具体的企业管理之中，并且取得了很好的效果。其中最突出的例子之一，就是宁波方太集团在企业管理中对国学的运用，即『方太现象』。

方太集团于上个世纪九十年代中期创立，是一个成长迅速的厨电企业，目前已经成为国内主要厨电生产商之一。方太集团在快速发展的同时，也遇到了许多问题。对此，方太集团的总裁茅忠群选择从国学中汲取智慧。

茅忠群将道家『无为而无不为』的思想与儒家『仁』『和』的思想融入企业管理之中。他将『无为』与『有为』辩证结合起来，在企业扩张上『无为』，不贴牌、不收购，绝不盲目扩张；在产品研发上又坚持『有为』，使企业得以保持技术优势。对于一个快速发展的

企业来说，这种慎重扩张，争取技术领先的经营方针才是长远之道。茅忠群认为，美国等西方国家的企业管理固然先进，但不能照搬，西方企业管理的成功与其扎根于本国传统文化有着很大关系，所以中国的企业管理也应该与中国的文化背景相适应。在这种认识的基础上，方太集团结合自己产品的特点突出了『家』这一文化意象，将『仁』与『和』的思想注入到企业管理中，让冰冷的现代企业管理体系也有了一些温情，提高了企业的文化内涵和凝聚力。方太集团的成功业绩说明，国学不仅仅是学者们的研究对象，其经世致用的价值也不可低估。

国学中包含的管理学经验是非常丰富的。所谓商场如战场，诸子百家中兵家的学说，尤其是《孙子兵法》被人们最早与企业经营管理结合起来。《孙子兵法》对企业经营的价值，早已被前人所认识，被称为『日本经营之神』的松下幸之助曾说：『中国古代先哲孙子是天下第一神灵，我公司职员必须顶礼膜拜，认真背诵孙子兵法，灵活运用，公司才能兴旺发达。』近些年来，国内的学者们也越来越重视《孙子兵法》对企业经营的价值，主要从企业人才培养、企业决策、企业危机处理、企业日常管理、企业文化塑造等方面来探讨《孙子兵法》的借鉴意义。这方面的文章论述可谓汗牛充栋，如李志明《孙子兵法与企业经营之道》、李雪峰《太极智慧：孙子兵法与现代企业战略管理》、钟永森《孙子兵法与战略管理》等等。

除了《孙子兵法》，儒家思想、道家思想乃至法家思想都可以为企业管理者们提供营养。然而将国学应用于企业管理的实际效果如何，并不是学者的论述所能解决的，这需要企业家们的实践。目前，中国的企业家们已经真正开始将国学与其经营实践结合起来了。

从大师《百家讲坛》到民众《开心学国学》

当前国学热潮的一个重要特点，就是大众传媒对国学普及和传播的影响。报刊、广播、电视、网络这些大众媒体与传统学术的结合形成了巨大的爆炸效应。大众传媒，成为普及和提高民众国学认知的重要渠道。

大众传媒用于国学普及的最好例子莫过于中央电视台的《百家讲坛》和《开心学国学》两档节目。《百家讲坛》是面向普通大众的节目，涉及历史、文学、经学、传统礼仪等众多内容。自二零零一年开播，《百家讲坛》成为中央电视台十大优秀栏目之一，且排名仅次于《新闻联播》。从《百家讲坛》走出了易中天、于丹、王立群等一大批『明星』学者，这些『明星』学者们的著作又大多成为畅销书籍。二零零七年全国优秀畅销书排行榜上，《于丹〈论语〉心得》《于丹〈庄子〉心得》《品三国（下）》获得前三名，产生了巨大的文化效应，形成了众多备受关注的文化现象，引发了学界与民间的大量思考与讨论。

如果说《百家讲坛》是请学者接近普通民众，那么央视的另一档栏目《开心学国学》就是让普通民众接过学者的话筒，亲身参与到国学的宣讲之中，与《百家讲坛》相比，普及推广国学的程度又进了一步。《开心学国学》从二零零九年开始播出，第一季就吸引了数千报名者，参赛人员从四岁幼童到年近六十的老人不等，不仅有内地国学爱好者，还有港澳地区和美国、俄罗斯、日本、澳大利亚、德国等三十多个国家的爱好者。

《开心学国学》将电视竞赛这种典型的当代电视节目形式与国学知识结合，同时在舞台设

计、服装道具、背景音乐等方面都力求体现传统文化与中华风格。直观的形式与亲民的风格获得了巨大成功，大大提高了国学的『亲和力』，也取得了非常好的收视效果。除此之外，一些地方电视台的国学节目，以及电影、电视剧作品也使普通民众对国学的认知产生了重要影响。在中国传统文化中，有丰富的童蒙读物资源，对童蒙养正具有重要的教育意义。

《三字经》《百家姓》《弟子规》《千字文》《幼学琼林》《增广贤文》等，这些传统童蒙读物具有内容丰富，涉及广泛，易于吟诵的优点，对于儿童的道德培养与心理健康，普及基本国学知识都有很大帮助。目前这类传统童蒙读物使用广泛，有的还配有插图和语音领读，形式灵活，易于儿童接受，使得儿童在潜移默化中接受国学的熏陶。与这些基础童蒙读物相比，较高一个层次的就是少儿读经活动。约十年前开始，内地各大城市就兴起了各类少儿读经班，例如深圳『童学馆』、上海『孟母堂』等，所读不仅有《三字经》《百家姓》等童蒙读物，也有《论语》《中庸》《大学》等经典。

目前，利用大众传媒普及国学尚处在初级阶段，今后如何开辟更多的大众传媒渠道来普及国学，将是国学普及工作中的一个重要的社会文化课题。

民间国学复兴

国学进社区，是近几年一个重要的国学现象。例如二零一一年杭州开始了『国学文化进社区』的活动，以社区为平台，通过专题讲座、经典诵读、文艺表演等多种形式进行国学宣讲，已陆续有几十个社区参与。同类活动在成都、济南、青岛等城市的社区也有。国学进社区的活动，与大学国学社团的社会实践以及少儿读经活动相结合，起到了很好的相互影响、相互带动的作用。

中国人自古以来就有浓厚的宗族观念与孝亲思想。中国人民大学国学院教授陈壁生在《十年来大陆『国学热』现象鸟瞰》一文中提到，『按照一般逻辑而言，伴随着工业化和城市化的进程，聚族而居的社会结构逐渐被摧毁了，宗族力量会越来越小以至于消亡。但是在经济相对比较发达的南方沿海农村、城镇，近十年来出现了重建祠堂、复兴宗族的种种迹象』。这种对传统社会形态一定程度的回归，是民族情感的自然流露，更是人们对国学、对传统文化的本能渴求。仅靠学者的否定或提倡不能决定某种文化的命运，惟有民心的向背才是文化存废的根本。

国学在今天已形成广泛的社会影响，应用于企业文化建设，出现在大众传媒和各种通俗书刊读物中，进入普通民众的日常生活，这本身就是国学生命力的象征。传承国学不仅是学者的责任，更是每个炎黄子孙的使命。

知行合一

子曰：『士不可以不弘毅，任重而道远。仁以为己任，不亦重乎？死而后已，不亦远乎？』怀着对中国传统文化的温情和敬意，怀着对先祖圣贤的尊崇，民间兴起了一大批勇于担当、承继文化传统的有识之士。

在近些年来的国学热潮中，民间国学社会团体和高校国学院团的国学活动，影响力与日俱增。特别是高校国学院团的国学活动，吸引了一部分著名学者和大量青年学子的参与。民间国学社会团体与高校院团的交流，促进了学术文化与社会文化更紧密的联系与互动，推动了国学更为广泛、深远的发展和影响。

儒士社——修身辅仁

儒士社于二零零一年成立于贵州福泉，初名竹士社，继承阳明先生龙场悟道的精神，以传承儒士道统，发扬国学为己任。儒士社以『知行合一、道术兼备』为训，奉行『笃信好学、守死善道』的操守，秉持『仁义、忠恕、孝悌』的中华传统精神，倡导『孝悌为本、忠恕为主、仁义为归』的价值观。儒士社内氛围融洽，其成员自觉遵守『笃行弘道、崇礼重法、亲爱精诚』的信条，既有严谨明确的制度，又有和乐庄重的人文环境。历经十多年的努力，儒士社吸引了大批青年才俊参加，其影响力不断扩大，已成功举办十余期弘道团活动。

目前儒士社的活动主要由诵经班、弘道团、辅仁会和修身营四部分组成。诵经班以集体诵读经典为主要活动形式，每天组织晨读和晚读，或者聚会诵读，或者以语音形式远程同步进行。辅仁会是儒士社成员的『日常座谈会』，每周举行，以『结合经典谈生活』的形式，结合自身生活经历来理解经典，让学员感受到经典对人生的作用。修身营是一项较高层次的生活化国学修身活动，强调营员之间朝夕相处，实践完善的儒门礼仪，学习系统的儒学精义，主要活动有诵经、晨练、告拜、讲学、习礼、抚琴、抄经、射箭、游学、祭祀等。弘道团是以『人能弘道，非道弘人』为宗旨进行的国学公益活动，主要有儒学支教、社区诵经、环境保护、孤老照顾等实践活动。

此外，儒士社每年都会进行祭祀仪式，分别为夏历正月一日祭天，清明及家祭之时祭祖，以及春、秋行释奠礼祭拜至圣先师及往圣先贤。二零一三年十月六日，儒士社在北京文庙

举行了大型的秋季祭孔及公益讲座活动，吸引了来自北京及山东、广州、黑龙江等全国各大高校师生及社会人士的广泛参与和支持，获得了积极的反响。儒士社现在的主要活动方向为传习和推广儒学，普及儒学教育，发掘、培养民间儒学群体和组织，发展儒学公益事业，布局『义企』创业等。儒士社以开放雍容的姿态迎接有志于学习和践行传统文化的弘道之士，为国学复兴不遗余力。

在复兴国学、传承儒家文化的道路上，学者并不局限于高校，他们也是民间国学传播的支持者和践行人。

弘道基金——笃行弘道

『弘道』取孔子『人能弘道，非道弘人』之意。『弘道基金』由蒋庆、陈明、康晓光、许章润、秋风等五位儒家学者于二零一二年六月十八日发起成立，面向各界儒学人士及儒学与中国文化发展支持者筹措资金，旨在复兴儒家事业，弘扬儒家价值，重建中国式的生活方式。

弘道基金是由学者发起的民间国学团体，其创始者多为儒学学者。二零零一年，蒋庆先生在中国最伟大的思想家之一王阳明先生悟道的贵州龙场创建了『阳明精舍』，他也成为了中国当代唯一一个民间活着的书院的山长。他的主要著作有《公羊学引论》《以善致善：蒋庆与盛洪对话》《儒学的时代价值》《儒家社会与道统复兴——与蒋庆对话》等。蒋庆先生的学术见解较为犀利，在探求儒学真精神和价值的道路上，他是真正的儒学家。

陈明是弘道基金理事长、创始人，著有《儒学的历史文化功能——士族：特殊形态的知识分子研究》《儒者之维》《文化儒学：思辨与论辩》等。一九九四年，他创办《原道》辑刊并任主编；二零零五年成立『中国社会科学院世界宗教研究所儒教研究中心』，任秘书长；二零零七年，陈明主持成立儒教研究中心，任主任。陈明活跃在学术和报刊媒体诸领域，成为中国大陆『新儒家』代表人物。

姚中秋，常用笔名秋风，是弘道基金理事、创始人，弘道书院山长，北京航空航天大学人文与社会科学高等研究院教授。他的《立宪的技艺》《中国变革之道：当代中国的治理秩序及其变革方略》《重新发现儒家》等著作，带领读者重新发现一个真实的儒家，闪耀着优雅而高贵的智慧光辉的儒家。目前，秋风先生正致力于研究儒家义理、中国治理秩序史。

弘道基金旨在为儒家复兴事业筹措资金与物资等资源，所筹资源，悉数用于儒学公益慈善、国民教化、复兴礼乐、学问讲论、培养人才、书刊出版、网站维护、同志救济等事业。

民间书院——开坛讲学 童蒙养正

书院是中国文化的一道独特风景，作为藏书、教学与研究三结合的高等教育机构，前后千年历史，对中国古代社会教育、文化的发展影响颇大。目前的民间国学组织与团体还包括众多民间书院教育机构，如弘道书院、彭城书院、苇杭书院等。这些教育书院潜心于承继

传统、复兴国学教育。

弘道书院创建于一九九九年，是当代中国学者构筑的屈指可数的书院之一。山长钱弘道，旨在追步前贤，勉励后学，读书进德，弘道明德。弘道书院倚山面水，为莲花状山峦怀抱，远眺『笔架山』、南天目『弥勒佛』峰顶以及徐霞客留下足迹的『灵隐洞』所在的鳖山头。千佛寺传递佛道教理，北佛南儒，梵音书声，旧词新曲，相映成趣。书院典雅袖珍，布局简洁而不张扬，静静守望山中，虽无岳麓书院、白鹿洞书院之恢弘气势，但因院内珍藏古今中外名著，开设当代著名学者畅谈论道的『读书问道』讲坛而别具一格。钱弘道山长，将书院作为藏书、读书、讲学、研讨之所，求传统和现代两种精神的和谐统一，体现了当代读书人的一种价值追求。

彭城书院，创立于二零零七年。其创始人汉风是著名的诗人、作家和文化学者，著有诗集《失落的风景线》、散文随笔集《夏至以前》《买书不读》等十余本个人专著。他被评论界称为一位『站在历史的屋檐下透视未来的作家』。彭城书院的主要活动有定期举办的国学讲座、儿童国学经典诵读、二十四节气茶会、四季诗会等文化活动，以传播国学思想，弘扬传统文化为宗旨。彭城书院的影响力持续扩大，不断受到青年学子和学者们的关注，著名学者李昌集先生曾预言：『彭城书院代表了中华民族文化建设的新方向。』苇杭书院，于二零零六年在北京创立。苇杭书院创立者及山长杨汝清曾先后执教于清华大学、河北佛学院、国际青年研修大学，长期从事儒家思想研究、蒙学教育和民间公益事业的实践探索。主要活动有读书会、年度会讲、经典整理等，还进行了《弟子规》《三字经》等蒙学典籍

的讲解汇释。

此外，书院又有众多比较系统的童蒙学堂出现，例如七宝阁书院、四海孔子书院、继光书院等。这些以童蒙教育为主旨的书院，秉承中国传统文化思想，设有国学少年学堂、国学童蒙学堂、国学幼儿学堂等，主要教学内容有《弟子规》《三字经》《千字文》《千家诗》《孝经》等传统童蒙读物，通过对经典的诵读和讲解以及传统礼仪的见习，培养少年谦谦君子。

传统童蒙读物的传播乃至少儿读经班、书院式教育都是蒙学养正的初级阶段，是国学的基础。近年来在各大高校兴起的国学机构、国学社团与国学活动则是青年大学生对国学热潮的自觉选择和积极回应。

孔子研究院

孔子被国际社会誉为『世界古代十大思想家之首』，深受人们的仰慕和敬重。为『汲取孔子思想精华，弘扬民族优秀文化』，一九九六年九月国务院批准在孔子故里——曲阜，建立孔子研究院。

孔子研究院的总体布局以方和圆作为基本母题，用隐喻方式充分表达中国文化内涵，将儒学的『仁』『和』观念融入规划之中，借鉴『洛书』『河图』『九宫』格式及风水学说理论，将现有地段匠心独运、合理布局，建筑形式充分表达了孔子的文化思想内涵，体现了

民族性、时代性和纪念性。

孔子研究院具有五项功能：一是学术研究与交流，汇编、出版儒学研究专著和普及性书籍，接收国内外学者长期、短期或临时性学术研究，举办各种国际性、双边性的专题学术讨论会；二是博物展览，举办孔子生平展和孔府文物精品展，使其成为一座充分显示东方文化特色的『孔子文化博物馆』；三是文献收藏，搜集、整理、汇编和存储古今中外浩如烟海的孔子及儒学文献资料，建成现代化的综合性孔子文献资料中心；四是孔子及儒学研究信息交流，用现代化的设备和技术收储孔子及儒学研究动态，向国内外专家、学者提供研究信息；五是人才培训，聘请国内外知名人士任导师、研究员，开设多层次、多类型、多规格的培训班，接待国内外的访问学者等，为国内外学者提供良好的学习研究条件。十多年来，孔子研究院在学术研究、学术交流和展览收藏等方面均取得了显著成果，积极弘扬了以孔子及儒家思想为代表的中华民族优秀传统文化。

中国人民大学国学院

中国人民大学国学院成立于二零零五年，是新中国第一个以国学为教育研究目的且本硕连读的教育科研机构，首任院长为冯其庸教授。人大国学院现有国文教研室（中国古典文学研究所）、国史教研室（中国古代历史研究所）、经学与子学教研室（经学研究中心）、国学基础教研室、西域历史语言研究所（汉藏佛学研究中心）、《国学学刊》编辑部等教研机构。国学院创办了《国学学刊》《西域历史语言研究辑刊》和《蒙古学研究丛刊》等学术出版物，策划和组织撰写了《中国人民大学国学研究丛书》《近代国学资料整理与研究丛书》《清朝前期理藩院满蒙文题本》《西域历史语言研究丛书》《汉藏佛学研究丛书》《国学管理研究丛书》等多种相关丛书，并编写发行了『国学经典解读系列教材』。国学院也设立对外课程，致力于在社会上推广国学，让国学深入人心，为中国文化的未来发展作出自己应有的贡献。

高校国学社团——以文会友，以友辅仁

现在国内很多综合性大学，甚至部分理工类大学都有专门的国学社团，以研讨、宣讲国学为己任，成为大学生认知国学的重要途径。例如清华大学国学社、西南大学学苑、吉林大学国学晨读社、兰州交通大学国学爱好者协会、曲阜师范大学《论语》研修学社、兰亭书社等。湖南和湖北的高校，还成立了高校国学社团联盟。大学生国学社团的主要活动包括中华经典研习、传统文化体认及社会交流等，以国学沙龙、读书会、国学知识竞赛、汉服礼仪文化展示、射礼表演、历史文化名胜游学等丰富多彩的内容，扩大国学在高校校园中的影响力，吸引众多的大学生积极参与弘扬中华优秀传统文化和民族精神。

海外传承

经济全球化下的文化多元化，是当今世界文化发展的主题。中国文化能否在现代世界起到它独特的作用，中国人能否在当前全球经济危机的情况下为人类贡献自己的智慧，在某种意义上，取决于国学能否浴火重生。中国文化影响力的扩大与传统文化的复兴是密不可分的。国学的海外传播，是中国文化软实力的一种体现形式，同时也有助于实现和谐世界的文化使命。

历史悠久的文化交流

国学的海外传播，并不始自今日。古代的中国，通过路上丝绸之路和海上丝绸之路与中亚、西亚北非、南亚乃至欧洲保持着文化交流，同时对日本、朝鲜半岛和东南亚产生着持久而深刻的文化影响，以至于被认为形成了中华文化圈或儒家文化圈。这种文化交流的重要内容就是以儒学为代表的国学的传播。

以中国为中心，向西，国学与一些同样古老的文明碰撞出了思想的火花，伊斯兰教先知穆罕默德就有『学问，虽远在中国，亦当求之』的名言。明末清初，西学东渐的同时亦有东学西渐，经过早期西方传教士们的努力，一些国学经典被翻译介绍到西方，对启蒙运动时期的西方学者产生了重要影响，一度在西方兴起儒学热。及至近代，西方汉学家和中国留学生对国学在西方传播都作出了巨大的贡献。

国学在东亚的传播更具深远意义，国学传入日本、朝鲜半岛和东南亚的一些国家，尤以日本和朝鲜半岛为主。早在公元四五世纪，儒家经典就传入日本，隋唐时期中国化的佛教思想又陆续传入日本。明末清初随着一批明朝遗民的东渡，日本的朱子学得到了极大的发展，近代以来日本学者对以儒学为代表的国学进行了反思和整理，成绩斐然。国学对朝鲜半岛的影响更为悠久，早在汉代朝鲜半岛就受到国学的影响。唐朝时的新罗更有『君子国』的称号，衣冠文物与中华相类，此后以儒学为代表的国学在朝鲜半岛的影响越来越大。朝鲜半岛儒学名家辈出，如郑梦周（一三三七—一三九二年）、李滉（一五零一—一五七

零年）、李珥（一五三六—一五八四年）等，及至现在，韩国儒学仍然在世界儒学体系中占有一席之地，拥有柳承国、柳正东、安炳周、李东俊等优秀的儒学学者。

近现代，国学的海外传承又取得了新的令人瞩目的成就。当前的国学热潮不仅体现在国内对国学的关注上，也体现于国学在海外的传播与讨论。其中，最具有代表性的成果就是全球各地孔子学院的设立。

与时俱进的孔子学院

二零零四年，第一所海外孔子学院在韩国成立。截至二零一二年底，根据人民网的数据，『全球一百零八个国家建立了四百所孔子学院和五百多个孔子课堂，注册学汉语的学员总数达六十五万五千人。此外有七十六个国家的四百多所大学正在申办孔子学院』。尽管在二零一二年发生了美国孔子学院『签证风波』，但在这一年还是取得了新建孔子学院三十多所、孔子课堂四十多个的好成绩，美国孔子学院的『签证风波』也得到了妥善解决，没有对美国的孔子学院造成太多消极影响。

在欧洲，孔子学院发展迅速，影响力日益扩大。例如在法国，截至二零一三年六月，已有孔子学院十六所。法国的孔子学院办学形式灵活，既有中法高等学校合作办学，也有中法地方政府合作办学，此外还有中法高校联合企业办学、中国高校与法国地方政府或社团组织合作办学。二零一二年六月中央音乐学院与丹麦皇家音乐学院合作成立了全球第一所音乐孔子学院，对于拓展孔子学院的活动范围是一个有益的尝试。欧洲各孔子学院在二零一二年召开联席会议，一致认定制定长期发展计划是可持续发展的重要保证，这表明欧洲孔子学院的发展进入一个稳定长久的阶段。

孔子学院在阿拉伯国家中也得到了重要发展。截至二零一二年三月，共有七个阿拉伯国家建立了九所孔子学院和一个孔子课堂。阿拉伯国家中孔子学院的设立主要还是依托中外高校合作的方式，实际上很多著名的阿拉伯国家高校都对中国文化有着浓厚兴趣。相对而言，阿拉伯国家的孔子学院起步较晚，不过发展迅速。仅二零一二年，阿拉伯国家的九所孔子学院就开设近三百个班次，招收学员人数近五千人次。孔子学院在课程设置上实现了多样化，不仅有各种汉语教学，也出现了中医针灸等课程。同时各孔子学院还致力于文化推广，如二零一二年度共举行各类汉语国际推广活动近百次，受众近两万人次。可以说，阿拉伯国家孔子学院在汉语教育和文化推广方面取得了显著的成果。

在非洲，孔子学院同样取得了很大成就。截至二零一二年六月底，共有二十个非洲国家设立了十七所孔子学院和四所孔子课堂。非洲的孔子学院在文化推广方面也成就斐然，例如在二零一一年度，非洲各孔子学院在当地大学和社区举办了近六百场文化活动，参加人数超过四十万人次。当然，非洲的孔子学院还存在着诸如语言障碍、文化障碍、对外汉语教学实践经验不足、服务周期短等问题，但是随着中非合作和交流的深入，相信这些问题会得到很好的解决，非洲的孔子学院发展前景广阔。

东盟国家是中国的近邻，在文化交流方面有着悠久的历史传统，东盟国家还是最大的华人

聚居区，中华文化在这里有着很大的影响力和号召力，再加上东盟和中国日益紧密的经贸联系，相信孔子学院在这一地区的发展将会取得更大成就。

孔子学院的活动在不断拓展和深化，推介中华文化，提升中国的文化软实力，将是孔子学院未来所要承担的主要任务。正如国家汉字办公室主任、孔子学院总部总干事许琳所说：『当今世界正处在大发展、大变革、大调整时期，在世界舞台上发展孔子学院，是我们的文化自觉和文化自信使然，更是我们义不容辞的责任和使命。』

除了孔子学院之外，我们看到近几年来国学海外传播的形式越来越多样化，影响力也在不断扩大，既有官方举办的活动，也有民间自发的行动，可以说在全球范围内拉开了宣讲国学的序幕。

世界文化沟通的桥梁——汉语桥

中国国学的海外传承以汉语教学与推广为主，语言文字是文化的钥匙。汉语的全球推广对国学在海外的传播具有重要的基础价值和先行意义。

中央电视台与国家汉办联合主办的CCTV汉语之星——『汉语桥』在华留学生汉语大赛自二零零八年至今已经连续举办了六届，获得了巨大成功，影响力与日俱增。『汉语桥』并不是单纯的语言比赛，而是对选手中国文化认知的全面考察，其中包含着丰富的传统文化内容，例如国学经典、诗词歌赋、古典文学、传统曲艺等。其体现方式灵活多样，或是对选手的考察题目，或是选手的自我展示。『汉语桥』用比赛的形式吸引在华留学生，对于在留学生中宣讲国学有着重要意义，而外国留学生回国后所带去的文化传播乘数效应，更使得这种宣讲的价值会随着时间的推移而愈加明显。

『国际舞台』的文化盛宴

国学在海外的传播与中国文化的全球影响密不可分，其发展趋势是总体向上的。从文化产品、文化机构、网络媒体，到文化艺术节，国学在世界文化大舞台上崭露头角，为世界人民带来精神文化的盛宴。

吉林省宇平工艺有限公司的『宇平人形』系列绢人产品畅销海外，已经覆盖二十七个国家和地区，同类商品在日本市场占有率达到百分之六十，在欧美市场占百分之二十，每年销量达几十万件，被称为『东方芭比』。『宇平人形』的成功与其传统文化背景是分不开的，古典文学、民间传说、历史人物都是『宇平人形』取之不尽的素材库。报道中提到的『宇平人形』的代表作恰恰就是以《孔子问道》为名的组合人偶，足见其与国学关系之密切。任何一种文化产品都必有其学术支持才能体现出底蕴和韧性，『宇平人形』的成功即是一例。

随着墨西哥中国文化中心的成立，该中心成为中国在海外建立的第十三个中国文化中心，也是中国在美洲开设的第一个中国文化中心。中国文化中心是中国政府派驻海外的官方机构，是开展对外文化交流与合作的重要窗口、桥梁和平台，在推介中华文化的同时，也将

国外的优秀文化介绍到国内，促进了文化的发展与繁荣。中国文化中心的陆续设立必将对国学的海外传播带来便利。事实也正是如此，德国、贝宁、毛里求斯、俄罗斯、韩国等国的中国文化中心都曾在『六一』儿童节期间为当地儿童举行各种庆祝活动，其内容很多都与国学和传统文化有关，例如德国柏林中国文化中心的传统剪纸和十二生肖展览，俄罗斯莫斯科中国文化中心举办的诵读《三字经》活动等。

二零一三年中国（曲阜）国际孔子文化节在九月二十八日即孔子诞辰日开幕，并于当天举行了庄严隆重的祭孔大典。清华大学彭林教授撰写的祭文无不体现着『乐礼善学，尚中贵和』的儒家精神。从一九八四年的首届孔子诞辰故里游活动，到现在的中国（曲阜）国际孔子文化节，已经有三十多年的时间。三十多年间，孔子文化节影响力与日俱增，除了曲阜的孔子文化节之外，在全国其他地方，如柳州、衢州、同安、建水、文昌等地，在孔子诞辰日都举行了各种形式的纪念活动。

近年来中文图书的海外发行量节节攀升，其中占据重要位置的就是国学类书籍。据统计，目前中国共有三十四家出版社一百种以上国学图书进入全球三十家图书馆，其中排在前两位的是以出版国学相关书籍为主的中华书局和上海古籍出版社。从总体看，在这三十四家出版社中，古籍类出版社有九家，占总数的百分之二十六，在各类出版社中居于首位。这揭示了国学在中国文化传播中的主力作用和关键地位。中国网络电视台开辟了全新栏目『中国公开课』，通过网络平台向世界传播中国文化，涵盖教育、科技、哲学、历史、文学、艺术等广泛学科内容。『中国公开课』以宣传中国文化为目标，国学的宣讲将是其重中之重，很有可能会成为海外版、网络版的『百家讲坛』，让人拭目以待。

『美美与共，天下大同』，国学的海外传播是中华文明的魅力所在，也势必会对世界文化的发展产生促进作用。更重要的是，国学只有与世界民族的优秀文化相结合，才能融入世界文明的历史进程。

参考文献

《礼记·中庸》 上海古籍出版社（二〇〇四年版）

《论语·泰伯》 中华书局（二〇〇六年版）

《论语·里仁》 中华书局（二〇〇六年版）

《孟子》 中华书局（二〇〇六年版）

《四书章句集注》 朱熹 中华书局（二〇一一年版）

《论语译注》 杨伯峻 中华书局（二〇〇六年版）

《朱子哲学研究》 陈来 华东师范大学出版社（二〇〇〇年版）

《中国哲学史》 冯友兰 华东师范大学出版社（二〇〇〇年版）

《中国哲学史》 任继愈 人民出版社（二〇〇三年版）

《老子译注及评价》（修订增补本） 陈鼓应 中华书局（一九八四年版）

《墨子》 李小龙 中华书局（二〇〇七年版）

《史记》 司马迁 中州古籍出版社（一九九六年版）

《吕氏春秋》 吕不韦 上海古籍出版社（一九九五年版）

《法家思想与法家精神》 武树臣 李力 中国广播电视出版社（二〇〇七年版）

《中国哲学史大纲》 胡适 岳麓书社（二〇〇九年版）

《中国兵家管理思想》 刘云伯 上海人民出版社（一九九三年版）

《先秦诸子百家争鸣》 易中天 上海文艺出版社（二〇〇九年版）

《汉书》 班固 中华书局（一九六二年六月版）

《三国志》 陈寿 中华书局（一九八二年七月版）

《晋书》 房玄龄 中华书局（二〇一一年三月版）

《新唐书》 欧阳修等 中华书局（一九七五年二月版）

《宋史》 脱脱等 中华书局（二〇一一年十二月版）

《元史》 宋濂等 中华书局（一九七六年四月版）

《明史》 张廷玉等 中华书局（一九七四年四月版）

《啸亭杂录》 昭梿 中华书局（一九八〇年十二月版）

《台湾通史》 连横 九州出版社（二〇〇八年六月版）

《冯如》 黄庆昌 广东人民出版社（二〇〇九年十一月版）

《海疆英魂——记甲午海战中的邓世昌和致远舰》 陈明福 人民文学出版社（二〇〇三年十月版）

《厄鲁特蒙古历史译丛》 中国社会科学院民族研究所 中国社会科学院民族研究所（一九八一年十二月版）

《竹林七贤》 曹旭 丁功谊 中华书局（二〇一〇年二月版）

《管子》 李山 中华书局（二〇〇九年三月版）

《三曹与中国诗史》 孙明君 清华大学出版社（一九九九年九月版）

《人间词话》 王国维 长江文艺出版社（二〇〇八年十二月版）

《报刊舆论与近代中国政治从维新变法说起》刘兴豪 中央编译出版社（二〇一一年七月版）

《新文化运动》金开诚 吉林文史出版社（二〇一二年一月版）

《古代中外文化交流史》王小甫等 高等教育出版社（二〇〇六年五月版）

《大唐西域记》董志翘 中华书局（二〇一二年一月版）

《通俗中国医学史话》任应秋 重庆人民出版社（一九五九年版）

《张仲景全书》刘士恩主编 中国古籍出版社（二〇〇七年九月一日版）

《中国音乐史略》（增订本）吴钊 刘东升 人民音乐出版社（一九九三年十二月版）

《中国古代建筑历史图说》侯幼彬等 中国建筑工业出版社（二〇〇二年十一月版）

《梁启超自传》梁启超 江苏文艺出版社（二〇一二年版）

《吴宓与陈寅恪》吴学昭 清华大学出版社（一九九二年版）

《陈寅恪的最后二十年》陆键东 三联书店（一九九五年版）

《清华四大导师》邵盈午 东方出版社（二〇〇九年版）

《这一辈子》季羡林 中央编译出版社（二〇〇九年版）

《中国古代书院》王炳照 中国国际广播出版社（二〇〇九年版）

《中国哲学史》任继愈 人民出版社（二〇〇三年版）

《中国人的岁时文化》海上 岳麓书社（二〇〇五年版）

《民间酒俗》天龙 中国社会出版社（二〇〇六年版）

《中国饮酒习俗》郭泮溪 陕西人民出版社（二〇〇二年版）

《中国古代宴饮礼仪》吕建文 北京理工大学出版社（二〇〇七年版）

《悠悠茶香》鸿宇 甘肃文化出版社（二〇〇四年版）

主办 北京市人民政府新闻办公室
编辑制作 北京对外文化交流中心
北京月讯杂志社
总策划 王惠
策划 张劲林 白杰
主编 白杰 王琳
总撰稿 安顿 王伟 张健 杜玉清 万运运 司美娜 张锐
责任编辑 安顿 黄金敏
编辑 李晓丽 杨保华 金焱 周芙婧 王炜 查尔斯·杜克斯
图片编辑 马柯 桑浥
设计制作 董博 韩宇 沈洁 刘丽丽

国学撷要

一二九

地址 北京市东城区体育馆路法华南里小区10号楼1层
邮编 100061
电话 +86 10 6715 2380
传真 +86 10 6715 2381
网址 http://www.btmbeijing.com
出版发行 五洲传播出版社
地址 北京市海淀区北小马厂6号华天大厦
书号 ISBN 978-7-5085-3338-4
开本 1/16
印数 2.000
定价 2680元
版次 2016年10月第1版
2016年10月第1次印刷

图书在版编目（CIP）数据

国学撷要：汉英对照 / 安顿主编. -- 北京：五洲传播出版社，2016.3
ISBN 978-7-5085-3338-4

Ⅰ.①国… Ⅱ.①安… Ⅲ.①国学－通俗读物－汉、英 Ⅳ.①Z126-49

中国版本图书馆CIP数据核字(2016)第050586号

ISBN 978-7-5085-3338-4